Coole Spiele mit Scratch 3

Al Sweigart

Coole Spiele mit Scratch 3

Lerne programmieren und baue deine eigenen Spiele

2., überarbeitete und aktualisierte Auflage

dpunkt.verlag

Al Sweigart

Lektorat: Gabriel Neumann
Lektoratsassistenz: Anja Weimer
Fachgutachter: Martin Tan
Übersetzung: G&U Language & Publishing Services GmbH, Flensburg, *www.GundU.com*
Copy-Editing: Friederike Daenecke, Zülpich
Satz: G&U Language & Publishing Services GmbH und Veronika Schnabel
Herstellung: Stefanie Weidner
Umschlaggestaltung: Helmut Kraus, *www.exclam.de*
nach der Originalvorlage von No Starch Press
Druck und Bindung: mediaprint solutions GmbH, 33100 Paderborn

Bibliografische Information der Deutschen Nationalbibliothek
Die Deutsche Nationalbibliothek verzeichnet diese Publikation in der Deutschen Nationalbibliografie; detaillierte bibliografische Daten sind im Internet über *http://dnb.d-nb.de* abrufbar.

ISBN:
Print 978-3-86490-859-0
PDF 978-3-96910-638-9
ePub 978-3-96910-639-6
mobi 978-3-96910-640-2

2., überarbeitete und aktualisierte Auflage 2022

Hinweis:
Dieses Buch wurde auf PEFC-zertifiziertem Papier aus nachhaltiger Waldwirtschaft gedruckt. Der Umwelt zuliebe verzichten wir zusätzlich auf die Einschweißfolie.

PEFC zertifiziert
Das Papier für dieses Buch stammt aus nachhaltig bewirtschafteten Wäldern und kontrollierten Quellen.
PEFC/04-31-0810 www.pefc.de

Schreiben Sie uns:
Falls Sie Anregungen, Wünsche und Kommentare haben, lassen Sie es uns wissen: *hallo@dpunkt.de.*

5 4 3 2 1 0

Für Seymour Papert.

Mach's gut und danke für die Schildkröten.

(29. Februar 1928 – 31. Juli 2016)

Der Autor

Al Sweigart ist Softwareentwickler, Sachbuchautor und ein echter Frood, der weiß, wo sein Handtuch ist. Er hat mehrere Programmierlehrbücher für Einsteiger geschrieben, unter anderem *Routineaufgaben mit Python organisieren*, das ebenfalls bei dpunkt erschienen ist. Auf seiner Website *http://www.inventwithpython.com/* sind seine Bücher unter einer Creative-Commons-Lizenz kostenlos verfügbar (in Englisch).

Der Fachgutachter

Martin Tan ist Mitorganisator eines Programmierclubs in Australien. Er hat Scratch- und Python-Programme mit Weltraum-Thematik für Moonhack 2016 geschrieben. Bei dieser Veranstaltung kamen mehr als 9000 Kinder zusammen, um den Weltrekord im Simultanprogrammieren durch Kinder zu brechen. Martin testet auch Computer und Netzwerke auf ihre Sicherheit, beteiligt sich an verschiedenen Open-Source-Projekten und ist in der Forschung tätig.

Inhalt

Inhaltsverzeichnis

Kapitel 4: Basketball mit Schwerkraft 51

Kapitel 5: Ein Brick-Breaker-Spiel mit Schliff 75

Kapitel 6: Asteroidenknacker 105

Kapitel 7: Ein anspruchsvolles Jump-&-Run-Spiel 129

Danksagungen

Es ist irreführend, dass auf dem Umschlag nur mein Name steht, denn dieses Buch wäre ohne die Leistung vieler anderer Menschen nicht möglich gewesen. Ich möchte dem Verleger Bill Pollock danken; meiner Lektorin, Frances Saux; meiner Produktionsredakteurin, Rachel Monaghan; meiner Fachgutachterin, Olivia Rodrigues; und meiner Korrektorin, Kim Wimpsett. Und ich danke allen, die an der ersten Ausgabe mitgearbeitet haben: den Lektoren Laurel Chun und Tyler Ortman, dem Fachgutachter Martin Tan, der Korrektorin Anne Marie Walker sowie allen Mitarbeitern bei No Starch Press.

Ein weiteres Dankeschön geht an die Lifelong-Kindergarten-Gruppe des MIT Media Lab für die Entwicklung von Scratch, das wiederum auf eine lange Ahnenreihe einflussreicher Vordenker zurückblicken kann: Mitchel Resnick, Seymour Papert, Marvin Minsky und Jean Piaget. Wir tragen die jüngere Generation auf unseren Schultern, aber dabei dürfen wir nie vergessen, auf wessen Schultern wir stehen.

Besonderen Dank möchte ich dem Museum of Art and Digital Entertainment in Oakland (Kalifornien) aussprechen. Sich an einem Videospielmuseum zu beteiligen, macht wirklich so viel Spaß, wie es klingt. Und es hat mir sehr viel gebracht, dass ich mich freiwillig für die Scratch-Wochenendkurse des MADE gemeldet habe. Wenn Alex Handy, Mike Pavone und William Morgan diese Scratch-Kurse nicht ins Leben gerufen hätten, wäre mir niemals die Idee für dieses Buch gekommen.

Einleitung

Ein Videospiel zu spielen macht Spaß. Aber Videospiele selbst zu programmieren ist eine kreative, fesselnde Tätigkeit, mit der du deinen eigenen Spielspaß gestalten kannst. Die kostenlose Programmierumgebung Scratch bietet dir die Möglichkeit, leicht das Programmieren zu lernen. Zwar wurde Scratch hauptsächlich für die Altersgruppe von 8 bis 16 Jahren entwickelt, doch es wird auch von anderen Personen verwendet: sowohl von jüngeren Kindern zusammen mit ihren Eltern als auch von Oberstufenschülern, die ihre erste Programmiersprache lernen.

Da man mit Scratch so viel machen kann, ist es schwer, einen Anfang zu finden. Deswegen kommt dir dieses Buch zu Hilfe. Es zeigt dir, wie du verschiedene Videospiele in Scratch erstellen kannst. Während du die Projekte aus diesem Buch nachbaust, bekommst du eine gute Vorstellung davon, wie die einzelnen Blöcke gewöhnlich zur Gestaltung von Spielen eingesetzt werden. Diese Projekte bieten dir eine solide Grundlage für deine eigenen Programme.

Für wen ist dieses Buch gedacht?

Um dieses Buch verstehen zu können, brauchst du keinerlei Programmierkenntnisse. Die einzigen mathematischen Kenntnisse, die du benötigst, sind die Grundrechenarten Addition, Subtraktion, Multiplikation und Division. Auch wenn du eine Abneigung gegen Mathematik hast, lass dich davon nicht abhalten, programmieren zu lernen! Schließlich ist der Computer ja dazu da, dir die Rechenarbeit abzunehmen.

Jedes Programm in diesem Buch lässt sich leicht schreiben, indem du einfach den Schritt-für-Schritt-Anleitungen folgst. Dabei lernst du die einzelnen Codeblöcke und Programmiertechniken kennen, während du sie einsetzt, um Spiele zu gestalten. Egal wie dein Kenntnisstand zurzeit aussieht, es gibt keinen Grund, *nicht* sofort mit dem Lesen dieses Buches zu beginnen.

Kinder könnten den Anleitungen selbstständig folgen, aber dieses Buch ist auch für Eltern und Lehrer gedacht, die ihre Kinder oder Schüler in die Welt der Programmierung einführen wollen. Die Projekte sind ideal als Zeitvertreib fürs Wochenende oder für eine Computer-AG geeignet. Erwachsene, die dieses Buch einsetzen wollen, um andere beim Lernen zu unterstützen, müssen auch keine Softwareingenieure sein.

Das Programmieren ist aber eine *praktische* Tätigkeit, die du ebenso wie Karate oder Gitarrespielen nicht allein durch Lesen lernen kannst. Vollziehe die Anleitungen nach und schreibe die vorgestellten Spiele! Auf diese Weise lernst du viel mehr.

Der Aufbau dieses Buches

Jedes Kapitel zeigt dir ausführlich, wie du ein bestimmtes Spiel programmierst. Die verschiedenen Programmiertechniken werden dabei immer dann behandelt, wenn sie gebraucht werden. Zu Anfang erstellst du jeweils eine Skizze, die zeigt, wie das fertige Spiel aussehen soll, und planst die Hauptteile des Programms. In den folgenden Abschnitten lernst du Schritt für Schritt, wie du diese einzelnen Teile programmierst, bis du das Spiel komplett geschrieben hast. Danach kannst du das Spiel noch um besondere Funktionen oder um einen Cheat-Modus erweitern. Anhand der Wiederholungsfragen am Ende des Kapitels kannst du prüfen, ob du den Lernstoff verstanden hast.

- **Kapitel 1: Erste Schritte mit Scratch** Hier erfährst du, wie du die Scratch-Website erreichst, und lernst den Scratch-Editor kennen.
- **Kapitel 2: Regenbogenlinien im Weltraum** In diesem Kapitel erstellst du ein animiertes Kunstprojekt mithilfe einfacher Codeblöcke und mehrerer Figuren. Dabei lernst du auch etwas über Gradangaben für Richtungen.
- **Kapitel 3: Ein Labyrinthspiel** Hier erstellst du ein Labyrinthspiel, in dem der Spieler die Katze mithilfe der Tastatur steuert und durch acht verschiedene Labyrinthe lenkt.
- **Kapitel 4: Basketball mit Schwerkraft** Dieses Kapitel zeigt dir, wie du ein Basketballspiel schreibst, in dem sich die springende Katze und die fallenden Bälle realistisch wie unter Schwerkrafteinfluss bewegen.
- **Kapitel 5: Ein Brick-Breaker-Spiel mit Schliff** Hier lernst du einfache Techniken kennen, um aus einem einfachen Brick-Breaker-Spiel ein professionell aussehendes, spannendes Spiel mit Animationen, Geräuschen usw. zu machen.
- **Kapitel 6: Asteroidenknacker** In diesem Kapitel programmierst du eine eigene Version des klassischen Weltraum-Schießspiels *Asteroids*, wobei du die Objekte im Spiel diesmal nicht nur mit der Tastatur, sondern auch mit der Maus steuerst.
- **Kapitel 7: Ein anspruchsvolles Jump-&-Run-Spiel** Hier greifen wir auf viele der Techniken aus den vorherigen Kapiteln zurück, um ein Jump-&-Run-Spiel mit Geh- und Springanimationen, Plattformen und KI-gesteuerten Gegnern zu schreiben.

Die Projekte durcharbeiten

Am Anfang aller Projekte in diesem Buch steht eine Skizze des Spiels, das wir erstellen wollen. Die Beschriftungen in dieser Skizze beschreiben die Spielfunktionen, die wir mit dem Code für das Spiel gestalten wollen.

Um uns nicht zu verzetteln, gehen wir die Spielfunktionen eine nach der anderen an. Die blauen ABC-Überschriften im Buch entsprechen dabei den in der Skizze genannten Funktionen.

Wenn du eine umfangreiche Aufgabe in mehrere kleine Teilaufgaben zerlegst, wirkt sie nicht so überwältigend. Vor allem kannst du auf diese Weise gezielt über die Lösungen nachdenken. Wenn du eine einfache Version deines Spiels zum Laufen gebracht hast, kannst du weitere Funktionen, Cheat-Modi usw. hinzufügen. Ich rate dir, immer mit einer einfachen Skizze anzufangen – auch wenn du später deine eigenen Spiele entwickelst.

Zeit zu speichern!

Überall in diesem Buch wirst du die Kästen mit der Überschrift »Zeit zu speichern!« sehen. Da du die Programme Schritt für Schritt erstellst, solltest du immer wieder innehalten und das Programm in dem Zustand ausführen, den du schon erreicht hast, auch wenn es noch nicht fertig ist. Dadurch kannst du überprüfen, ob du so weit alles richtig gemacht hast, und Fehler frühzeitig erkennen. Diese Kästen sollen dich auch daran erinnern, deine bisherige Arbeit an dem Programm zu sichern, indem du in der Menüleiste auf **Datei ▸ Auf deinem Computer speichern** klickst.

Zusatzmaterial auf der Begleitwebsite

In der Scratch-Umgebung werden viele Bilder bereitgestellt, aber für die Projekte in diesem Buch benötigst du noch einige zusätzliche Dateien. Sie befinden sich alle in einer ZIP-Datei, die du von *https://www.nostarch.com/scratch3playground/* herunterladen kannst. Dabei handelt es sich um die englischsprachige Webseite der amerikanischen Ausgabe dieses Buchs, *Scratch 3 Programming Playground*. Um die enthaltenen Dateien nutzen zu können, musst du die ZIP-Datei auf deiner Festplatte auspacken.

In der ZIP-Datei findest du die Bilddateien, die in den Projekten in diesem Buch verwendet werden, sowie die Skelettdateien (in der ZIP-Datei mit dem Zusatz »skeleton« benannt) für die einzelnen Projekte. In den Skelettdateien sind alle vorbereitenden Schritte bereits durchgeführt, sodass du nur noch die Codeblöcke hinzufügen musst. Falls du Schwierigkeiten dabei haben solltest, ein Programm bis zum Abschluss zu führen, kannst du versuchen, von der Skelettdatei auszugehen, anstatt mit einem ganz neuen, leeren Projekt zu beginnen. Die Verwendung der Skelettdateien ist auch gut für Lehrende geeignet, die mehrere Schülerinnen und Schüler unterrichten, aber nur begrenzte Zeit zur Verfügung haben.

Korrekturen und Ergänzungen

Wir haben uns größte Mühe gegeben, dieses Buch fehlerfrei zu halten. Korrekturen und Ergänzungen findest du auf *www.dpunkt.de/scratch3*.

1

Erste Schritte mit Scratch

Scratch ist die beste Lernsoftware zum Programmieren, die es heutzutage gibt. Keine andere macht das Programmieren so einfach wie Scratch. Es gibt viele Nachahmungen, aber Scratch ist nach wie vor die beliebteste Software ihrer Art. Mit Scratch kannst du interaktive Spiele, Animationen und wissenschaftliche Projekte erstellen und dabei viel Spaß haben!

Scratch ist eine kostenlose Programmierumgebung, die in deinem Webbrowser läuft. Entwickelt wurde es von der Gruppe »Lifelong Kindergarten« (»lebenslanger Kindergarten«) des MIT Media Lab. Scratch-Benutzerinnen und Benutzer – sogenannte *Scratcher* – schreiben Programme, indem sie einfach Codeblöcke in einem Editor zusammenstecken. Ursprünglich wurde Scratch für 8- bis 16-Jährige entworfen, aber heute nutzen Scratch Menschen aller Altersgruppen, auch jüngere Kinder mit ihren Eltern. Die Software macht es einfach, Fähigkeiten zur Programmierung und Problemlösung zu erwerben und weiterzuentwickeln.

Da Scratch in deinem Webbrowser läuft, brauchst du keine Software zu installieren. Es ist auch nicht möglich, dass ein Scratch-Programm die Dateien auf deinem Computer beschädigt. Scratch ist wirklich komplett kostenlos, und es gibt dabei auch keine Werbeeinblendungen und keine In-App-Käufe. Kinder können daher unbesorgt auf der Scratch-Website herumspielen, ohne dass sich die Erwachsenen Sorgen darüber machen müssen, dass dafür unvorhergesehene Kosten fällig werden.

In Scratch baust du Codeblöcke mit der Maus zusammen, musst also nicht viel eintippen. Das folgende Beispiel zeigt eine solche Zusammenstellung von Blöcken:

Der grafische Scratch-Editor gibt dir eine schnelle Rückmeldung, sodass du nicht erst stundenlang seltsame Befehle eintippen musst, bis deine Programme zum Leben erwachen. Mit Scratch kannst du ganz unmittelbar programmieren und dabei Spaß haben. Anders als in anderen Programmiersprachen gibt es in Scratch keine Fehlermeldungen, die plötzlich auftauchen und dich verwirren. Wenn du die Grundlagen der Programmierung lernen (oder jemandem beibringen) möchtest, gibt es nichts Besseres als Scratch.

Scratch ausführen

Um Scratch zu verwenden, musst du deinen Webbrowser öffnen und *https://scratch.mit.edu/* besuchen. Dabei spielt es keine Rolle, ob du einen Windows, macOS, Linux, Android oder iOS verwendest. Scratch 3 läuft auf Tablets, auf Smartphones und auf dem Raspberry Pi.

Hinweis

Dieses Buch verwendet die deutschsprachige Scratch-Oberfläche. Beim ersten Aufruf von Scratch ist normalerweise die englische eingestellt. Um dies zu ändern, klicke links oben neben »Scratch« auf *Create*. Im folgenden Fenster ist, wieder neben »Scratch«, ein Erdkugelsymbol zu sehen. Nach einem Klick darauf wähle die von dir gewünschte Sprache.

Du kannst kostenlos ein Konto anlegen. Es ist zwar auch möglich, Scratch-Programme ohne ein Konto zu schreiben, aber wenn du ein Konto hast, kannst du deine Programme online speichern und später auf einem anderen Computer bearbeiten, der mit dem Internet verbunden ist.

Um ein Konto anzulegen, klickst du oben auf der Seite auf den Link *Scratcher werden*. Daraufhin wird ein neues Fenster eingeblendet:

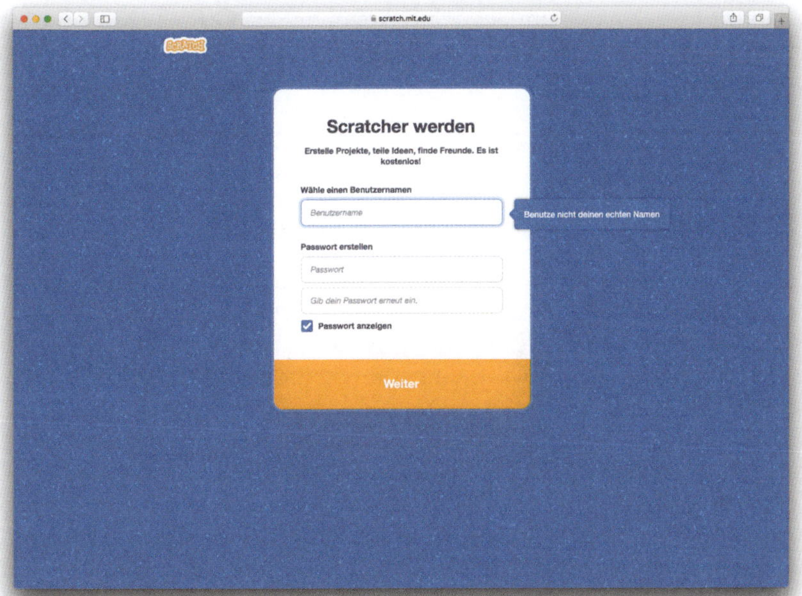

Wähle einen Benutzernamen und ein Passwort aus und gib die weiteren erforderlichen Informationen zu deinem Konto an. Deine E-Mail-Adresse und deine anderen persönlichen Angaben werden ohne deine Erlaubnis nicht weitergegeben. Die Datenschutzerklärung von Scratch findest du auf *https://scratch.mit.edu/privacy_policy/* (nur in englischer Sprache).

Nachdem du dich an der Scratch-Website angemeldet hast, kannst du oben auf der Seite auf den Link *Entwickeln* klicken, um den Scratch-Editor zu starten.

Der Offline-Editor

Im Offline-Editor kannst du Programme schreiben, ohne mit dem Internet verbunden zu sein. Wenn du keinen Internetzugriff hast oder wenn deine WLAN-Verbindung nicht zuverlässig ist, kannst du den Offline-Editor auf deinem Rechner installieren, anstatt die Scratch-Website zu nutzen. Der einzige Unterschied besteht darin, dass die Programme dann auf deinem Computer statt auf der Scratch-Website gespeichert werden. Du kannst deine Scratch-Programme später hochladen oder mit einem USB-Stick auf einen anderen Rechner übertragen.

Den Offline-Editor für Scratch findest du auf *https://scratch.mit.edu/download/*.

Hinweis

Es gibt auch noch die Editor-Software für ältere Versionen, Scratch 1.4 oder 2.0. Verwende diese Versionen nicht; sie sind veraltet und ihnen fehlen die neuen Funktionen von Scratch 3. Wenn du Scratch in deinem Webbrowser verwendest, handelt es sich dabei um Scratch 3. Wenn du den Offline-Editor für Scratch herunterlädst, vergewissere dich, dass du auch wirklich den Editor für Version 3.0 erwischst.

Figuren und der Scratch-Editor

Der Scratch-Editor ist die Software, in der du Codeblöcke zusammenbaust, um deine Spiele, Animationen und Kunstwerke zu gestalten. Wenn du oben auf der Webseite auf den Link *Entwickeln* klickst, wird der Editor geöffnet, den du in der folgenden Abbildung siehst. Dort kannst du damit beginnen, deine Scratch-Programme zu schreiben.

Figuren (englisch *sprites*) sind die grundlegenden Elemente in Scratch. Sie werden auf der Bühne ❻ angezeigt, und ihre Codeblöcke steuern ihr Verhalten. Wenn du ein neues Projekt anlegst, fügt der Editor darin automatisch eine Katze als erste Figur ein, aber du kannst noch weitere ergänzen. Um eine Figur zu programmieren, stellst du Codeblöcke im Skriptbereich ❺ auf der rechten Seite zusammen. In Scratch wird ein Stapel solcher Codeblöcke als *Skript* bezeichnet.

Das Textfeld oben im Editor enthält den Projektnamen ❷. Nachdem du deinem Projekt einen aussagekräftigen Namen gegeben hast, solltest du es regelmäßig speichern, indem du in der Menüleiste ❶ auf **Datei ▸ Speichern** klickst. Dadurch verhinderst du, dass deine Arbeit verloren geht, wenn der Browser abstürzt.

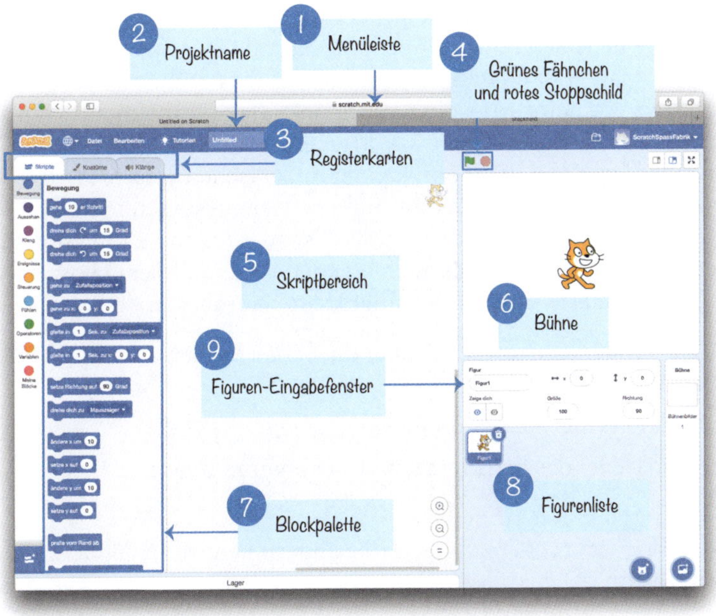

Die Codeblöcke findest du in der Blockpalette 7 in der Mitte. Oben werden darin zehn Kategorien von Codeblöcken angezeigt: *Bewegung, Aussehen, Klang, Ereignisse, Steuerung, Fühlen, Operatoren, Variablen und Meine Blöcke*. Jeder Codeblock gehört zu einer dieser Kategorien und trägt deren Farbe. Beispielsweise steht der Block **sage** in der lila Kategorie *Aussehen*. Der Vorrat an Codeblöcken ist unbegrenzt. Du musst sie einfach nur aus der Blockpalette in den Skriptbereich ziehen.

Ein Skript gilt immer für eine einzelne Figur. Wenn du in der Figurenliste 8 auf eine Figur klickst, werden deren Skripte im Skriptbereich angezeigt, und ihre Eigenschaften erscheinen im Sprite-Fenster 9. Dieser Bereich gehört zur Registerkarte 3 *Skripte*. Wenn du auf *Kostüme* oder *Klänge* klickst, wird er durch den Zeichenbereich bzw. den Klangeditor ersetzt.

Mit einem Klick auf die grüne Fahne startest du ein Programm, und mit einem Klick auf das rote Stoppschild hältst du es wieder an 4.

Der Zeichenbereich

Es gibt verschiedene Möglichkeiten, um Figuren in deine Programme einzubauen. Du kannst die in Scratch vorhandenen Figuren verwenden, Figuren von deinem Computer hochladen oder auch eigene Figuren zeichnen. Um Letzteres zu tun, kannst du den Zeichenbereich von Scratch nutzen.

Der Zeichenbereich ähnelt Malprogrammen wie Microsoft Paint oder Paintbrush. Um eine neue Figur zu zeichnen, bewegst du in der Figurenliste den Mauszeiger auf das blaue Katzengesicht-Symbol, bis dies grün wird und der Hinweis **Figur wählen** erscheint. Aus dem aufklappenden Symbolmenü wählst du den Pinsel, sodass daneben der Hinweis **Malen** erscheint und klickst darauf. Um das Aussehen einer Figur zu verändern, kannst du zwischen verschiedenen Kostümen wechseln. Wenn du ein neues Kostüm für eine Figur gestalten möchtest, klickst du auf die Registerkarte **Kostüme.** Unter der Liste der Kostüme findest du ein weiteres Katzengesicht-Symbol. Wähle auch hier den Pinsel mit dem Hinweis **Malen.**

Der Zeichenbereich umfasst die folgenden Hauptbestandteile:

- Die Zeichenwerkzeuge, die du über die Schaltflächen an seinem linken Rand auswählst
- Die Zeichenfläche, auf der du malst
- Das Fadenkreuz, das den Drehpunkt der Figur markiert
- Der Schieberegler für die Linienbreite der Zeichenwerkzeuge
- Der Farbwähler, mit dem du die Farbe ändern kannst, in der du mit den Werkzeugen zeichnest
- Die Zoom-Schaltflächen zum Vergrößern und Verkleinern der Ansicht
- Die Schaltflächen *Rückgängig* und *Wiederherstellen*, mit denen du Fehler korrigieren kannst

Der Zeichenbereich sieht wie folgt aus:

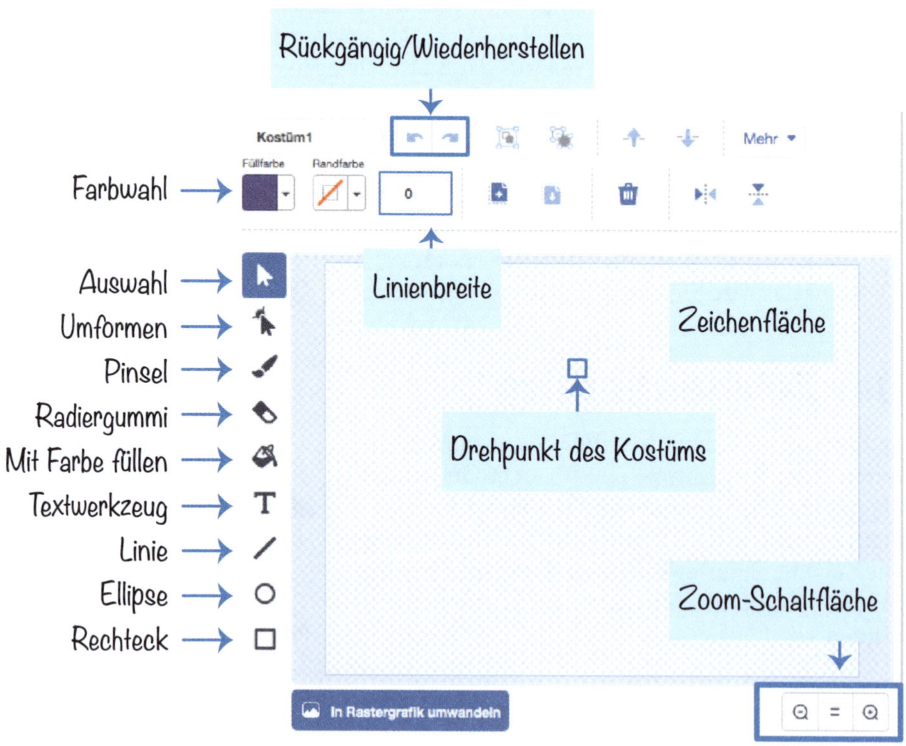

Spiel ruhig ein bisschen mit dem Zeichenbereich herum, indem du auf die Schaltflächen für die einzelnen Zeichenwerkzeuge klickst und den Mauszeiger über die Zeichenfläche ziehst, um dir anzusehen, wie die Werkzeuge jeweils funktionieren. Nutze auch den Schieberegler für die Linienbreite und den Farbwähler. Anstatt auf ein Farbfeld im Farbwähler zu klicken, kannst du auch mit der Pipette eine Farbe auswählen, die sich bereits auf der Zeichenfläche befindet. Wenn du einen Fehler gemacht hast, klickst du am oberen Rand auf *Rückgängig*.

In der Spalte links neben den Zeichenwerkzeugen sind die Kostüme aufgeführt. Wenn du ein Kostüm als Bilddatei speichern möchtest, musst du darauf rechtsklicken und **Als lokale Datei speichern** auswählen.

Codeblöcke

Bevor wir mit dem Programmieren anfangen, sollten wir uns zunächst damit vertraut machen, wie wir die Codeblöcke im Editor verbinden können. Was die einzelnen Blöcke tun, erfährst du dann im Verlauf dieses Buches.

Blöcke hinzufügen

Um einen neuen Codeblock zu erstellen, ziehst du ihn aus der Blockpalette in der Mitte in den Skriptbereich. Die Blöcke, die oben eine Kerbe und unten einen kleinen Vorsprung aufweisen, werden *Stapelblöcke* genannt. Um einen Stapelblock an einen anderen anzuhängen, schiebst du ihn an dessen Unterseite heran. Wenn eine weiße Umrisslinie erscheint, lässt du den Block los, sodass er an dem Stapel einrastet.

Du kannst einen Block auch zwischen zwei andere Blöcke einfügen. Achte dabei genau darauf, wo der graue Hintergrund in dem Skript erscheint: Das ist die Stelle, an der der neue Block einrasten wird. In der folgenden Abbildung siehst du, wie der Block **warte 1 Sek.** in die Mitte eines Skripts eingefügt wird:

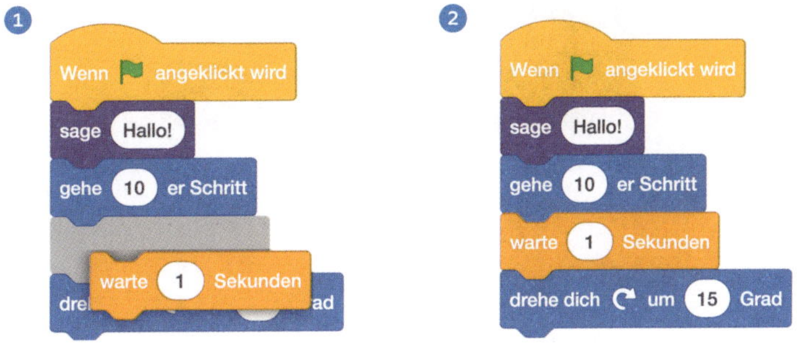

Den Inhalt eines weißen Feldes in einem Block kannst du ändern, indem du darauf klickst und etwas Neues eingibst. In rechteckige Felder kannst du Text einfügen, in runde Felder Zahlen.

Abgerundete Blöcke werden als *Werteblöcke* bezeichnet und passen in die weißen Felder. Beispielsweise wird in der folgenden Abbildung der grüne Block **Zufallszahl von 1 bis 10** in das weiße Feld eingefügt. Wenn sich der *linke Rand* eines Werteblocks über dem weißen Feld befindet, erscheint eine weiße Umrisslinie um das Feld. Jetzt kannst du den Werteblock loslassen, sodass er in dem Feld einrastet.

1

2

Blöcke löschen

Um Blöcke zu entfernen, ziehst du sie aus dem Skript heraus. Wenn du das bei einem Stapelblock machst, entfernst du damit auch die unter ihm angeschlossenen Blöcke, wie das folgende Bild zeigt. Falls du einige davon wieder mit dem Skript verbinden möchtest, kannst du sie an anderer Stelle im Skriptbereich zwischenlagern. Die Blöcke, die du löschen möchtest, ziehst du aus dem Skriptbereich heraus und über die Mitte der Blockpalette hinweg. Wenn du neue Blöcke brauchst, kannst du sie einfach aus der Blockpalette herausziehen.

1

2

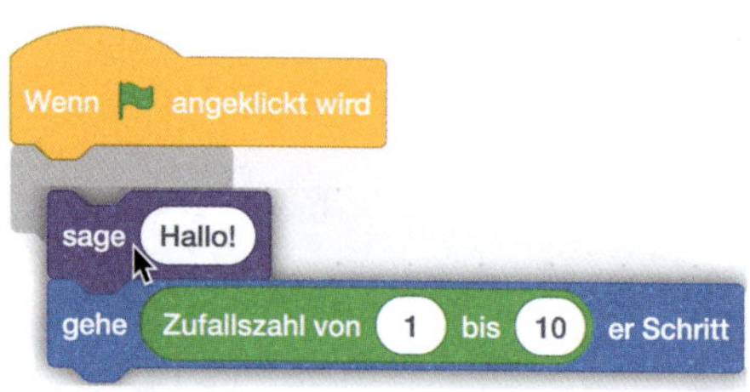

Du kannst auch auf einen Block rechtsklicken und in dem Menü, das daraufhin angezeigt wird, **Lösche Block** wählen. Solltest du einmal versehentlich Blöcke gelöscht haben, kannst du sie zurückholen, indem du an einer freien Stelle des Hintergrunds rechtsklickst und in dem daraufhin erscheinenden Menü **Rückgängig** wählst.

Programme ausführen

Stelle das folgende Programm zusammen, indem du die entsprechenden Blöcke aus der Blockpalette in den Skriptbereich ziehst:

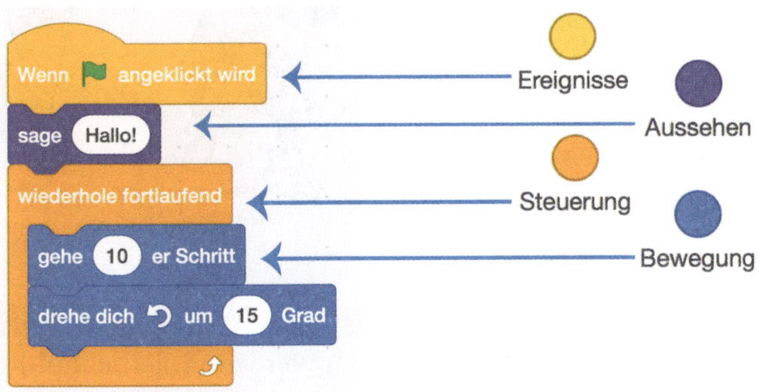

Wenn du auf die grüne Fahne oberhalb der Bühne klickst, wird dieses Programm gestartet. Programme beginnen mit dem obersten Block (**Wenn grüne Fahne angeklickt wird**) und führen dann den nächsten Codeblock in dem Skript aus. In diesem Beispiel erscheint eine Sprachblase über der Figur und zeigt den Gruß »Hallo!« an. In der Schleife **wiederhole fortlaufend** bewegt sich die Figur 10 Schritte vorwärts und dreht sich dann um 15° gegen den Uhrzeigersinn. Wenn das Programm den letzten Block erreicht, kehrt es wieder zum Anfang der Schleife zurück. Alle Blöcke im Block **wiederhole fortlaufend** werden immer wieder in einer endlosen Schleife ausgeführt. Das Programm hält nur dann an, wenn du auf das rote Stoppschild klickst.

Du kannst ein Skript oder einen einzelnen Block auch dadurch ausführen, dass du darauf doppelklickst. Aber die übliche Art und Weise, ein Programm auszuführen, besteht darin, auf die grüne Fahne zu klicken.

Dein Programm kann so viele Figuren und Codeblöcke enthalten, wie du möchtest. In den Programmierprojekten in diesem Buch lernst du nach und nach die verschiedenen Arten von Codeblöcken in Scratch kennen.

Deine Programme vorführen

Wenn du mit deinem Scratch-Konto angemeldet bist und in der Menüleiste auf **Veröffentlichen** klickst, können andere Scratcher dein Programm sehen und dein Spiel spielen. Sie können auch Kommentare dazu hinterlassen. Wenn ihnen dein Programm gefällt, können sie angeben, dass sie es mögen, oder es zu ihren Lieblingsprojekten hinzufügen.

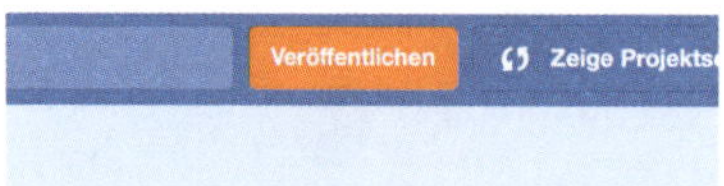

Wenn du ein Projekt fertiggestellt hast, kannst du es auch zum Studio des *Scratch Programming Playground* hinzufügen. Darin werden Projekte und Remixes vorgestellt, die du und andere Leserinnen und Leser entwickelt haben. Nachdem du dein Projekt in Scratch veröffentlicht hast, kopierst du dessen URL und besucht das Studio auf *https://inventwithscratch.com/studio/*. Dort klickst du auf **Add Projects**, fügst den URL in das Textfeld ein und klickst dann auf **Add by URL**. Jetzt können sich auch andere dein Spiel im Studio ansehen!

Mach dir keine Sorgen, ob dein Spiel gut genug ist. Alle fangen beim Programmieren mit einfachen Spielen an. Die meisten anderen Leute, die die Scratch-Website benutzen, sind ebenfalls Anfänger. Über 11 Millionen Menschen haben dort schon ihre Programme veröffentlicht, also gräme dich nicht, wenn dein Programm nicht so oft angeschaut wird! Da auf der Website so viele Spiele angeboten werden, ist es nicht leicht, dein Spiel unter so vielen anderen zu finden.

Wenn du Hilfe brauchst

Um eine Superprogrammiererin oder ein Profihacker zu werden, musst du nicht alle Antworten im Kopf haben, sondern wissen, wo du sie finden kannst. In diesem Buch werden dir Projekte Schritt für Schritt vorgeführt, aber es können immer wieder Fragen auftreten.

Das Fenster »Tutorien«

Oben im Scratch-Editor befindet sich die Menüschaltfläche *Tutorien*. Klicke auf diese Schaltfläche, um das Fenster *Wähle ein Tutorial* aufzurufen, das Links zu verschiedenen Scratch-Videotutorien enthält.

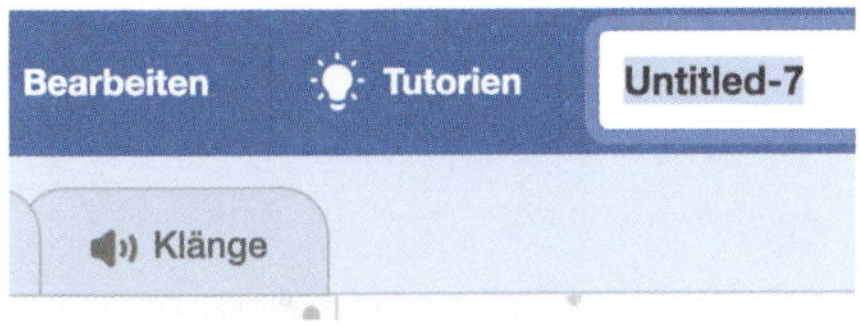

Schau hinein

Du kannst neue Techniken erlernen, indem du dir die Programme anderer Scratcher ansiehst. Wenn dir ein Projekt auf der Scratch-Website gefällt, kannst du auf die zugehörige Schaltfläche **Schau hinein** klicken.

Du darfst den Code anderer Scratcher kopieren und ändern, also einen sogenannten *Remix* herstellen. Alle Scratch-Programme auf der Website werden automatisch unter einer Creative-Commons-Lizenz veröffentlicht, sodass du die Urheber nicht erst um Erlaubnis bitten musst. Allerdings musst du die ursprünglichen Autoren erwähnen. Scratcher greifen oft auf die Programme anderer zurück, um ihre eigenen Versionen zu erstellen.

Brauchst du immer noch Hilfe und möchtest du mit anderen Scratchern reden? Klicke unten auf der Website *https://scratch.mit.edu/* auf den Link **Diskussionsforen**, um das Forum zu besuchen. Das deutsche Forum erreichst du, indem du unten auf der Seite unter *Scratch Around the World* auf *Deutsch* klickst.

Zusammenfassung

Der Scratch-Editor ist ein kreatives Werkzeug, das sehr viele Möglichkeiten bietet. Auf der Scratch-Website findest du alle Arten von Projekten – Spiele, Cartoons, Simulationen, informative Tutorien usw.

Du weißt jetzt, wie du die Scratch-Website aufsuchst, ein Konto anlegst, den Scratch-Editor und den Zeichenbereich verwendest und Codeblöcke zu Skripts zusammenbaust. Damit kannst du nun die Schritt-für-Schritt-Anleitungen im Rest dieses Buches durcharbeiten. Wenn du Fragen hast, kannst du Antworten im Fenster *Wähle ein Tutorial* des Scratch-Editors und im Diskussionsforum auf der Scratch-Website finden.

Nun wollen wir gleich loslegen und unser erstes Scratch-Programm erstellen!

2

Regenbogenlinien im Weltraum

In diesem Kapitel erstellen wir eine Animation, die einfach toll aussieht: ein V in Regenbogenfarben, das durch den Weltraum fliegt und eine bunte Spur hinter sich herzieht! Angeregt wurde dieses Projekt von der *Demoscene*, einer Bewegung von Eliteprogrammierern, die ab den 80er-Jahren beeindruckende grafische Programme gestalteten.

Die Mitglieder der Democene haben wunderschöne, anspruchsvolle Programme geschrieben, die sie *Demos* nannten und die ihre Fähigkeiten als Grafiker, Musiker und Programmierer veranschaulichen sollten. Das Erstaunlichste dabei war, wie *winzig* diese Programme waren – sie umfassten nur wenige Kilobyte! Das Programm, das wir schreiben wollen, ist nicht ganz so klein, aber sehr effektvoll und bunt. Wir brauchen auch nur wenige Zeilen Scratch-Code dafür.

Bevor wir mit dem Programmieren anfangen, sieh dir die folgende Abbildung an, um dir eine Vorstellung von dem fertigen Programm zu machen. Die Animation kannst du auf *https://www.nostarch.com/scratch3playground/* abspielen.

Du kannst ebenso schöne Programme gestalten wie die Demoscener! Fangen wir damit an, ein eigenes Grafik-Demo in Scratch zu erstellen.

Das Projekt skizzieren

Um deine Ideen in ein Scratch-Programm umzusetzen, musst du als Erstes deine Vorstellungen davon skizzieren, wie das Ergebnis aussehen soll. Die Planung deines Projekts hilft dir dabei, die passenden Figuren auszuwählen und ihr Verhalten zu bestimmen. Ich empfehle dir, deine Ideen auf Papier zu skizzieren. Dadurch kannst du einfach durchstreichen, was dir dann doch nicht gefällt, und dir zusätzliche Notizen machen. Am besten hältst du deine Projekte einfach.

Wenn du ein einfaches Spiel fertiggestellt hast, kannst du darauf aufbauen und es anspruchsvoller machen. Diese Vorgehensweise wird auch als *iterative Entwicklung* bezeichnet. Als Erstes sorgst du dafür, dass das Programm funktioniert, dann machst du es besser. Wenn du das grundlegende Programm fertiggestellt hast, kannst du ihm immer noch neue, faszinierende Dinge hinzufügen.

Deine Skizzen müssen auch nicht besonders gut aussehen. Wichtig ist, dass du einen soliden Plan für die Hauptteile deines Programms hast. In meiner Skizze gibt es die drei Hauptteile A, B und C. Wir werden an jedem dieser Teile nacheinander arbeiten, bis wir schließlich das Programm komplett fertiggestellt haben.

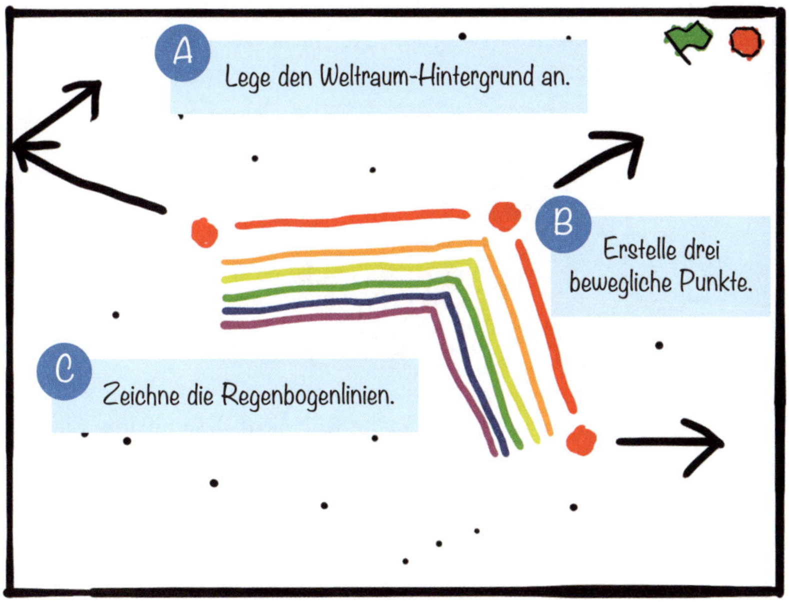

Nachdem du skizziert hast, was dein Programm tun soll, kannst du mit dem Programmieren beginnen. Gehe zu *https://scratch.mit.edu/*, registriere ein Konto auf der Website und melde dich an. (Wenn du ein Konto hast, kannst du deine Programme auf der Scratch-Website speichern.) Anschließend klickst du oben auf dem Bildschirm auf **Entwickeln** und kannst damit anfangen, dein eigenes Scratch-Projekt zu erstellen. Als Erstes klickst du dazu in das Textfeld oben links, um den Namen des Projekts von *Untitled* in *Regenbogenlinien* zu ändern (in den heruntergeladenen Programmdateien heißt es »Rainbow Lines«). Danach nehmen wir uns Teil A deiner Skizze vor.

A Den Weltraum-Hintergrund anlegen

Als Erstes entfernen wir nicht benötigte Figuren und wählen einen Hintergrund aus.

1. Aufräumen und die Bühne vorbereiten

Wenn du ein neues Scratch-Projekt anlegst, siehst du jedes Mal eine orangefarbene Katze auf einer leeren, weißen Bühne. Da wir die Katzenfigur in diesem Programm nicht brauchen, musst du in der Figurenliste auf die Katze *Figur1* rechtsklicken und **Löschen** auswählen. Die Katze verschwindet dann aus der Liste und von der Bühne.

Anschließend klickst du auf die Schaltfläche **Bühnenbild wählen**. Sie sieht wie ein Landschaftsgemälde aus.

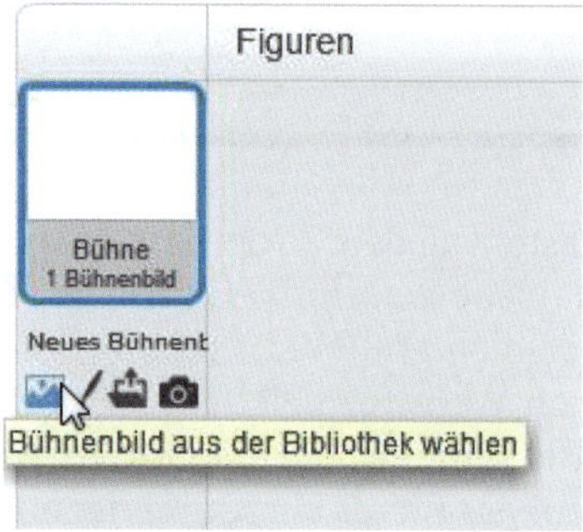

Dadurch wird das Fenster *Wähle ein Bühnenbild* geöffnet, in dem alle Bühnenbilder in alphabetischer Reihenfolge aufgeführt werden. Wähle das Bühnenbild **Stars**.

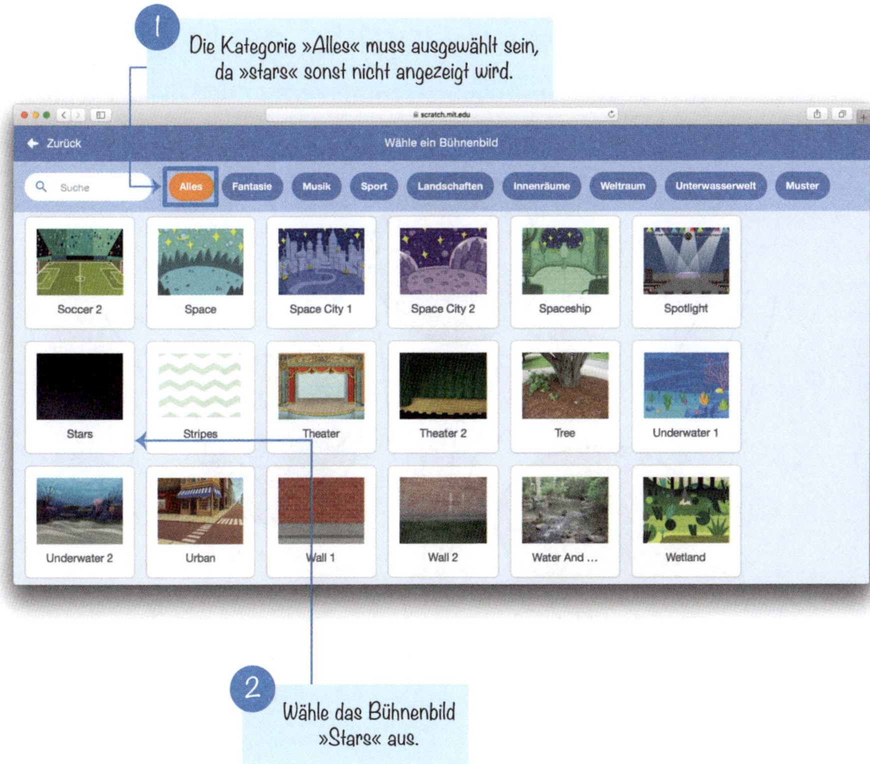

Jetzt sieht der Hintergrund der Bühne wie der Weltraum aus!

B Drei bewegliche Punkte erstellen

Als Nächstes fügen wir drei neue Figuren für die Eckpunkte des fliegenden V hinzu.

2. Einen Punkt zeichnen

Klicke auf die Schaltfläche **Malen** (die wie ein Pinsel aussieht).

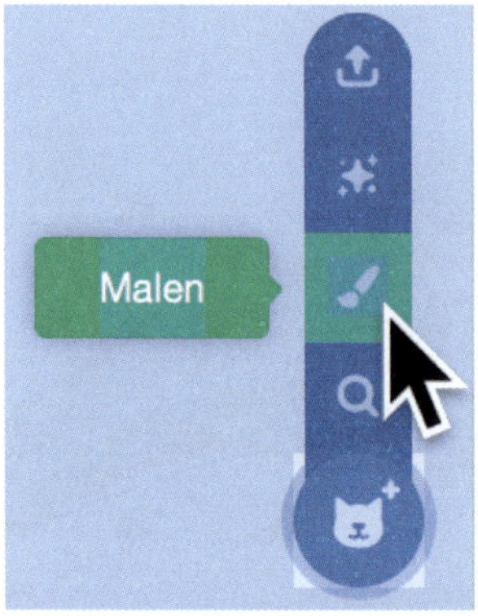

Dadurch erscheint in der Figurenliste der neue Eintrag *Figur1*. Außerdem wird die Registerkarte *Kostüme* aufgerufen, die den Zeichenbereich enthält. Male mit dem Pinselwerkzeug einen kleinen roten Punkt in die Nähe des Fadenkreuzes im Zeichenbereich. Um dir die Arbeit zu erleichtern, kannst du die Ansicht vergrößern, indem du im Zeichenbereich auf die Zoom-Schaltfläche klickst (die wie ein Vergrößerungsglas aussieht).

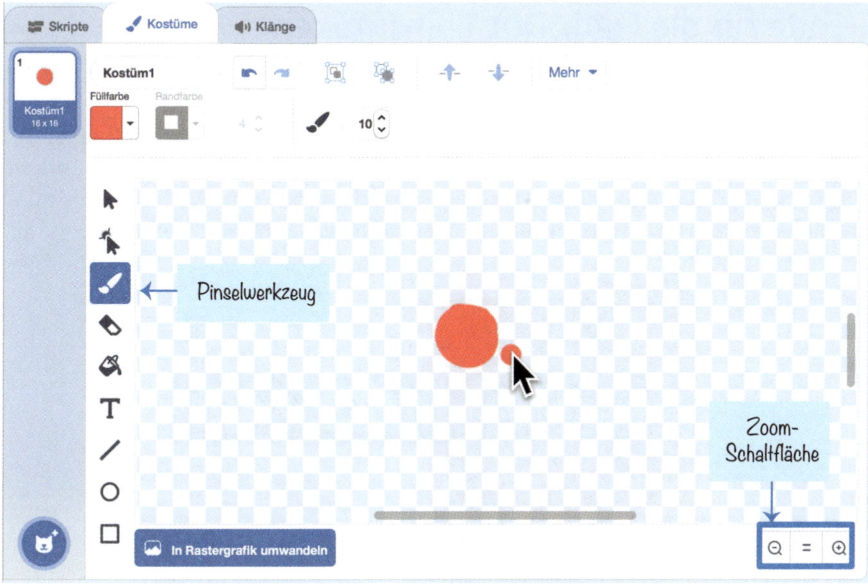

Im Figuren-Eingabefeld über der Figurenliste ändere den Namen der Figur von *Figur1* in *Dot 1* (»Punkt 1«).

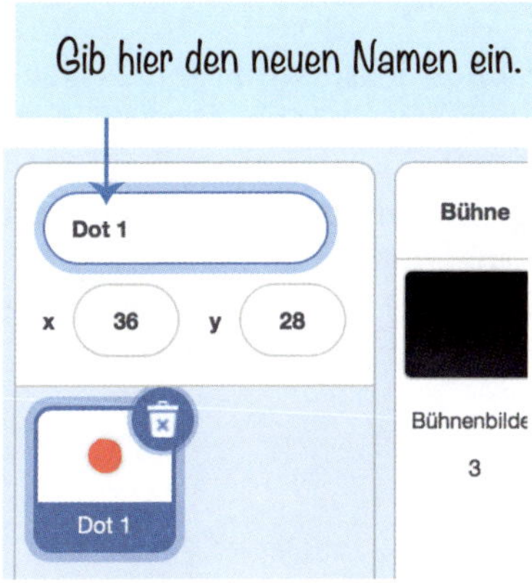

3. Code für die Figur Dot 1 hinzufügen

Jetzt können wir mit dem Programmieren beginnen. Klicke auf die Registerkarte **Skripte**, damit der gleichnamige Bereich wieder in den Vordergrund geholt wird, und füge dort den Code aus der folgenden Abbildung ein. Die Blöcke findest du in den Gruppen *Ereignisse* (gelb), *Bewegung* (dunkelblau), *Operatoren* (grün) und *Steuerung* (orange). Wenn du Schwierigkeiten hast, die Blöcke an Ort und Stelle zu ziehen, sieh dir die Animation auf *https://www.nostarch.com/scratch3playground/* an.

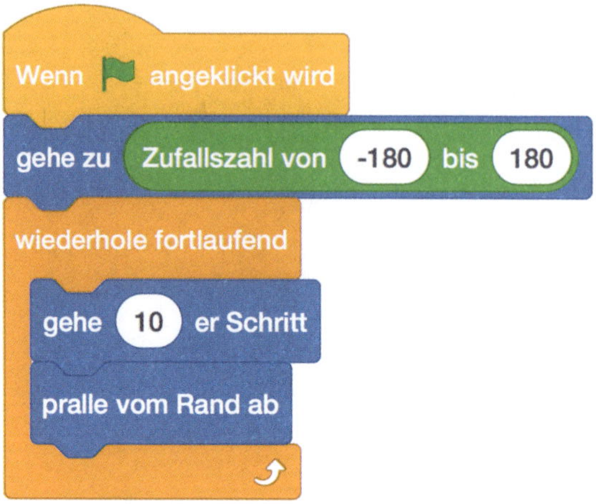

Wenn du auf die grüne Fahne klickst, wird für die Figur *Dot 1* eine Richtung zwischen −180° und 180° zufällig ausgewählt. Die Schleife **wiederhole fortlaufend** bewegt die Figur dann zehn Schritte in diese Richtung und sorgt dafür, dass sie abprallt, wenn sie dabei gegen den Rand der Bühne stoßen sollte. Die Figur führt diesen Vorgang immer wieder durch.

Zurzeit zieht die Figur *Dot 1* noch keine Regenbogenlinien hinter sich her. Dafür sorgen wir später, nachdem wir weitere Figuren hinzugefügt haben.

Forschen: Gradangaben für Richtungen

Menschen wie du und ich können Angaben wie *nach oben* oder *nach rechts* klar verstehen. Einem Computer musst du jedoch eine Zahl nennen, um eine bestimmte Richtung vorzugeben. Die Richtungsangaben für alle Figuren in Scratch sind jeweils Zahlen zwischen −180° und 180°, wobei 0° die Richtung genau nach oben angibt und 90° die Richtung genau nach rechts. Die folgende Abbildung zeigt verschiedene Richtungen und die zugehörigen Gradangaben. Wie du siehst, nehmen die Zahlen im Uhrzeigersinn zu und gegen den Uhrzeigersinn ab. Außerdem zeigen −180° und 180° in dieselbe Richtung.

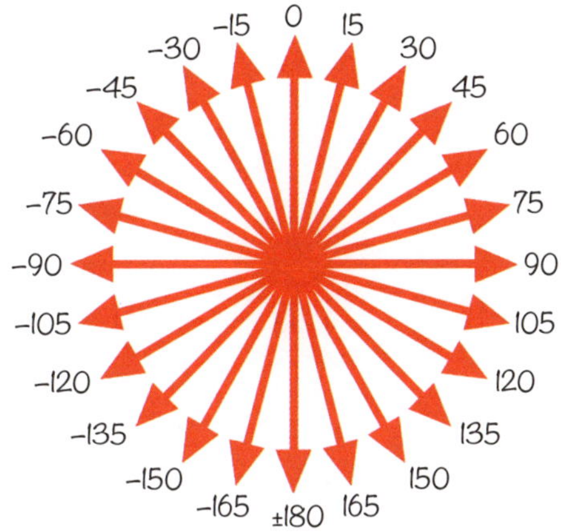

Der Block **Zufallszahl von −180 bis 180** wählt eine Zufallszahl als Richtungsangabe aus. Diese Angabe wird im Block **setze Richtung auf** dazu verwendet, die Figur in die entsprechende Richtung zu drehen. Das bedeutet, dass die Figur in jede beliebige Richtung gehen kann.

Lass uns ein kurzes Skript schreiben, damit du siehst, was es mit diesen Gradangaben auf sich hat. Öffne in deinem Browser einen neuen Tab, indem du `Strg` + `T` drückst, und gehe dort zu *https://scratch.mit.edu/*, um einen weiteren Scratch-Editor aufzurufen. So kannst du mehrere Scratch-Programme gleichzeitig bearbeiten.

Füge im Skriptbereich für *Figur1*, also die Katze, den folgenden Code hinzu. Dazu verwendest du Blöcke aus den Gruppen *Ereignisse* (gelb), *Steuerung* (orange), *Bewegung* (dunkelblau) und *Aussehen* (lila). Denke daran, dass dies ein neues Programm ist, ganz unabhängig von *Regenbogenlinien*!

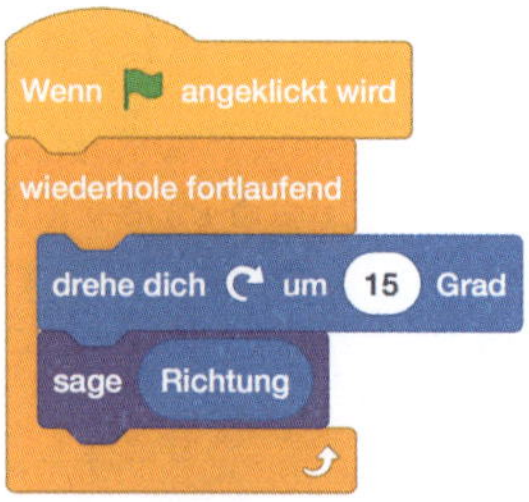

Wenn du dieses Programm ausführst, dreht sich die Katzenfigur immer in Richtung des Mauszeigers und gibt in einer Sprechblase die Richtung an.

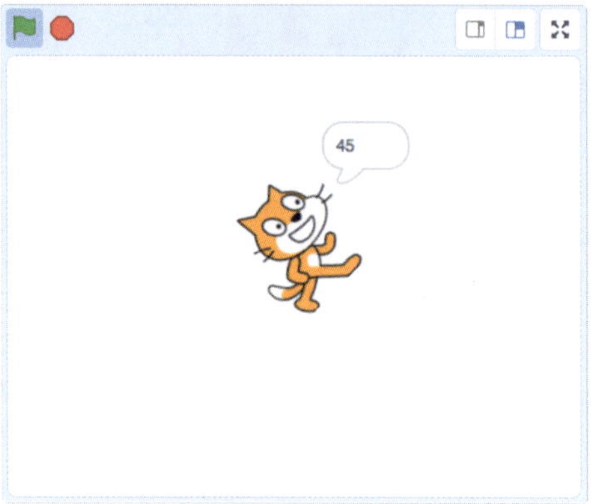

Schau dir an, wie sich die Gradzahlen ändern, wenn die Katze die Richtung wechselt.

4. Die Figur Dot 1 kopieren

Klicke mit der rechten Maustaste in der Figurenliste auf die Figur *Dot 1* und wähle **Duplizieren**. Mache das zweimal, um die beiden Kopien *Dot 2* und *Dot 3* zu erstellen. (Scratch benennt die neuen Figuren automatisch mit immer höheren Nummern.)

Zeit zu speichern!

Klicke auf die grüne Fahne, um den bisherigen Code zu testen. Vergewissere dich, dass die Katze nicht durch die Wände laufen kann. Prüfe das für alle vier Richtungen. Klicke auf das rote Stoppschild und speichere dein Programm.

C Die Regenbogenlinien zeichnen

Nach den drei Punkten, die über die Bühne schnellen, erstellen wir als Nächstes einen vierten Punkt, der die Regenbogenlinien zeichnet. Dazu schreiben wir ein Programm, das diesen »zeichnenden Punkt« schnell von einem der drei anderen Punkte zum nächsten bewegt und dabei eine Linie hinter sich herzieht. Nach zehn Sekunden löschen wir den Bildschirm wieder.

5. Code für den zeichnenden Punkt hinzufügen

Dieses Projekt verwendet Malstift-Codeblöcke, die nicht standardmäßig in der Blockpalette enthalten sind. Du musst auf die Schaltfläche **Erweiterung hinzufügen** in der unteren linken Ecke des Editors klicken und und im daraufhin angezeigten Fenster **Malstift** auswählen.

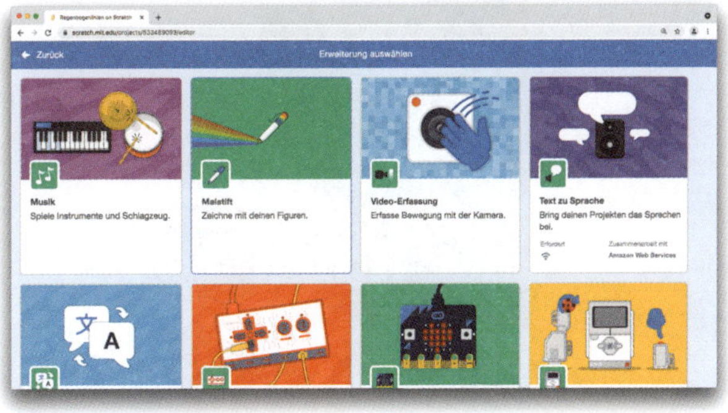

Klicke mit der rechten Maustaste auf einen der drei bisherigen Punkte und wähle **Duplizieren**. Da die neue Figur eine Kopie einer der anderen Figuren ist, enthält sie auch deren Code, den wir aber löschen müssen. Dazu klickst du mit der rechten Maustaste im Skriptbereich auf den Block **wenn grüne Fahne angeklickt** und wählst **Löschen**. Um Blöcke zu entfernen, kannst du sie auch in die Blockpalette in der Mitte des Editors ziehen, wo sie verschwinden.

Im Figuren-Eingabefenster kannst du die Figur in *Drawing Dot* (»zeichnender Punkt«) umbenennen.

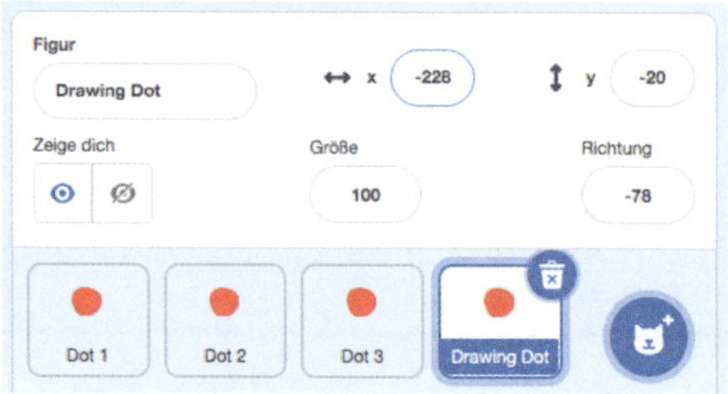

Füge *Drawing Dot* nun die beiden folgenden Skripte hinzu. Die erforderlichen Blöcke findest du in den Gruppen *Ereignisse* (gelb), *Malstift* (dunkelgrün), *Steuerung* (orange) und *Bewegung* (dunkelblau). Denk daran, dass die Malstift-Blöcke nur verfügbar sind, wenn du über die Schaltfläche **Erweiterung hinzufügen** das Feld **Malstift** ausgewählt hast.

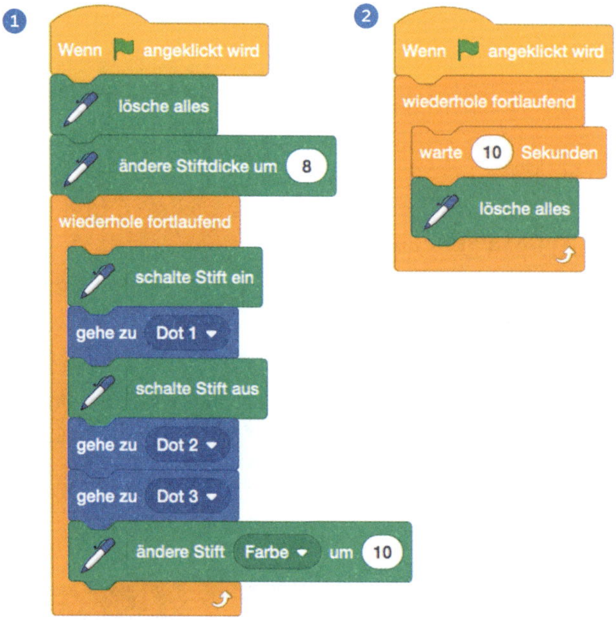

Achte darauf, in Skript ❶ den Block **gehe zu** zu verwenden und nicht **gehe zu x: y:**. Außerdem musst du die blauen Blöcke so ändern, dass nicht mehr die voreingestellte Auswahl *Zufallsposition* das Ziel ist. Klicke dazu auf das weiße Dreieck in dem Block und wähle die gewünschte Figur aus dem Menü.

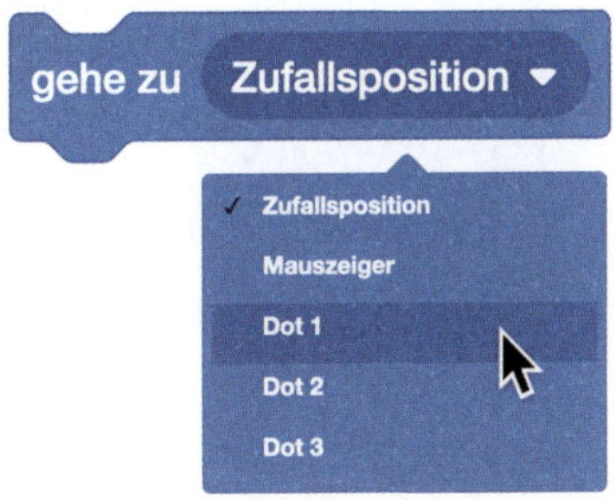

Bevor du diesen Code ausführst, wollen wir kurz besprechen, wie er funktioniert. Wenn du auf die grüne Fahne klickst, wird im Skript ❶ für *Drawing Dot* der Block **lösche alles** ausgeführt, der alles entfernt, was auf die Bühne gezeichnet wurde. Später sorgt der Block **schalte Stift ein** dafür, dass die Figur eine Linie auf der Bühne zeichnet, während sie sich bewegt.

Das kannst du dir so vorstellen, als würdest du über ein riesiges Blatt Papier gehen und dabei an einem langen Stock einen Stift neben dir herführen: Während du gehst, ziehst du dabei eine Linie. In unserem Programm bewegt sich der zeichnende Punkt zu *Dot 1*, schaltet dort seinen Stift ein und geht dann weiter zu *Dot 2* und schließlich *Dot 3*. Danach sorgt der Block **ändere Stiftfarbe um 10** dafür, dass der Stift in einer leicht abweichenden Farbe malt. (Um einen schnelleren Farbwechsel hervorzurufen, kannst du die Zahl erhöhen.) Gleichzeitig bewegen sich die Figuren *Dot 1*, *Dot 2* und *Dot 3* selbstständig weiter über die Bühne. Damit bewegt sich auch die V-Linie, die *Drawing Dot* zeichnet.

Skript ❷ ist viel leichter verständlich: Dieser Code wartet einfach zehn Sekunden lang und entfernt dann alles vom Bildschirm, was die Malstift-Blöcke gezeichnet haben, damit die Bühne nicht mit Regenbogenlinien überfüllt wird.

Zeit zu speichern!

Klicke auf die grüne Fahne, um den bisherigen Code zu testen. Du solltest jetzt beobachten können, wie sich ein fliegendes V in Regenbogenfarben über die Bühne bewegt. Alle zehn Sekunden verschwinden die Regenbogenlinien wieder. Klicke auf das rote Stoppschild und speichere dein Programm.

Das vollständige Programm

Die folgende Abbildung zeigt den fertigen Code für das gesamte Programm, wobei der Code für die Figuren *Dot 1*, *Dot 2* und *Dot 3* immer der gleiche ist. Wenn dein Programm nicht richtig funktioniert, vergleiche deinen Code mit dem in der Abbildung.

Turbo-Modus

Wenn du beim Klicken auf die grüne Fahne die `Umschalt`-Taste gedrückt hältst, startest du das Programm im Turbo-Modus. Der Computer kann die Codeblöcke schnell ausführen, aber das Programm, das die Figuren auf den Bildschirm zeichnet, bremst ihn aus. Im Turbo-Modus wird der Bildschirm nicht nach jedem Codeblock neu gezeichnet, sondern erst nach mehreren Codeblöcken. Das menschliche Auge kann dabei nicht erkennen, dass einige Zeichnungen übersprungen wurden, und das Programm erweckt den Eindruck, als würde es schneller ausgeführt.

Versuche einmal, das Regenbogenlinienprogramm im Turbo-Modus auszuführen, indem du bei gedrückter `Umschalt`-Taste auf die grüne Fahne klickst. Der Bildschirm wird fast augenblicklich gefüllt. Um den Turbo-Modus zu beenden, klickst du einfach erneut bei gedrückter `Umschalt`-Taste auf die grüne Fahne.

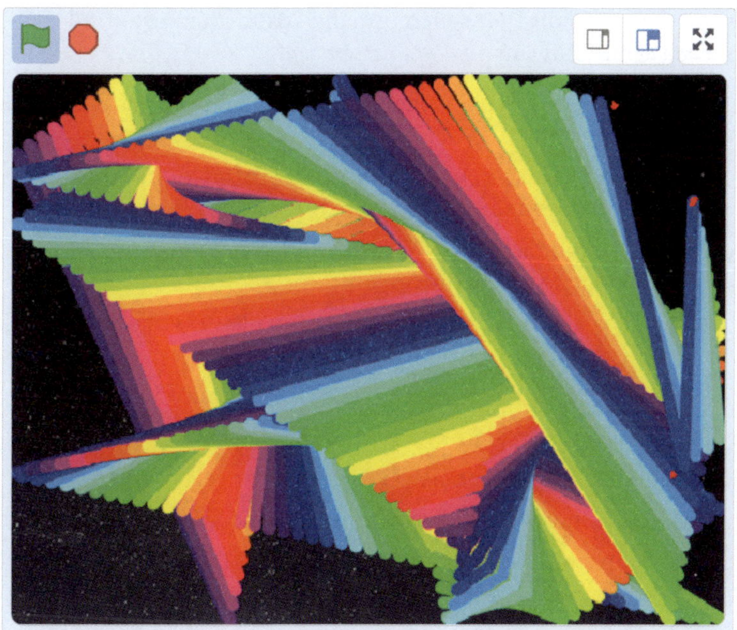

Zusammenfassung

In dem Projekt aus diesem Kapitel hast du Folgendes getan:

- Du hast eigene Figuren erstellt (auch wenn es nur Punkte waren).
- Du hast den Block *setze Richtung auf Zufallszahl* verwendet, um eine Figur in eine zufällige Richtung zu bewegen.
- Du hast dafür gesorgt, dass sich deine Figuren bewegen und am Rand der Bühne abprallen.
- Du hast Figuren und ihren Code dupliziert.
- Du hast mithilfe von Malstift-Blöcken regenbogenfarbene Linien gezeichnet.

Dieses Projekt ist nur eine Demo, die die Benutzer zwar anschauen, aber nicht steuern können. In Kapitel 3 schreiben wir ein Labyrinthspiel, bei dem die Benutzer über die Tastatur in das Geschehen eingreifen können. Das wird das erste echte Spielprojekt in diesem Buch!

Wiederholungsfragen

Versuche die folgenden Fragen zu beantworten, um zu prüfen, was du gelernt hast. Wahrscheinlich hast du nicht alle Antworten im Kopf, aber du kannst dir jederzeit den Scratch-Editor ansehen, um die Lösung herauszufinden. (Die Antworten stehen online auf *www.dpunkt.de/scratch3*.)

1. Was geschieht, wenn sich eine Figur bewegt, nachdem der Block *schalte Stift ein* ausgeführt wurde?
2. Was kann die Ursache sein, wenn Code zwar dafür sorgt, dass sich eine Figur bewegt, dabei aber keine Linie gezeichnet wird?
3. Welcher Block sorgt dafür, dass die Linien in dem Programm *Regenbogenlinien* wie ein Regenbogen aussehen?
4. Welchen Codeblock musst du verwenden, um die Regenbogenlinien dicker zu machen?
5. Wie kannst du den Turbo-Modus ein- und wieder ausschalten?
6. Wie duplizierst du eine Figur und ihre Codeblöcke?
7. Wohin zeigt eine Figur, wenn als Richtung 90° angegeben ist?
8. Welche Gradzahl musst du für die Richtung genau nach oben angeben?
9. Eine Figur soll nach unten zeigen und sich in diese Richtung bewegen. Welche Farbe hat die Gruppe, in der du die Codeblöcke dafür findest?
10. Wie wählst du einen neuen Hintergrund aus der Bühnenbild-Bibliothek von Scratch aus?
11. Wie kannst du *Figur1* in der Figurenliste umbenennen?

3

Ein Labyrinthspiel

Wahrscheinlich hast du schon einmal ein Labyrinthspiel gespielt, aber hast du jemals versucht, selbst eines zu gestalten? Es kann knifflig sein, sich durch ein Labyrinth zu bewegen, aber es ist ziemlich einfach, es zu programmieren. In diesem Kapitel erstellst du ein Spiel, in dem man eine Katze durch ein Labyrinth zu ihrem Ziel leiten muss – einem köstlichen Apfel. Dabei lernst du, wie du die Katze mit der Tastatur steuerst und verhinderst, dass sie einfach durch die Wände läuft.

Bevor du mit dem Programmieren beginnst, solltest du dir das fertige Spiel anschauen. Probiere es auf *https://www.nostarch.com/scratch3playground/* aus.

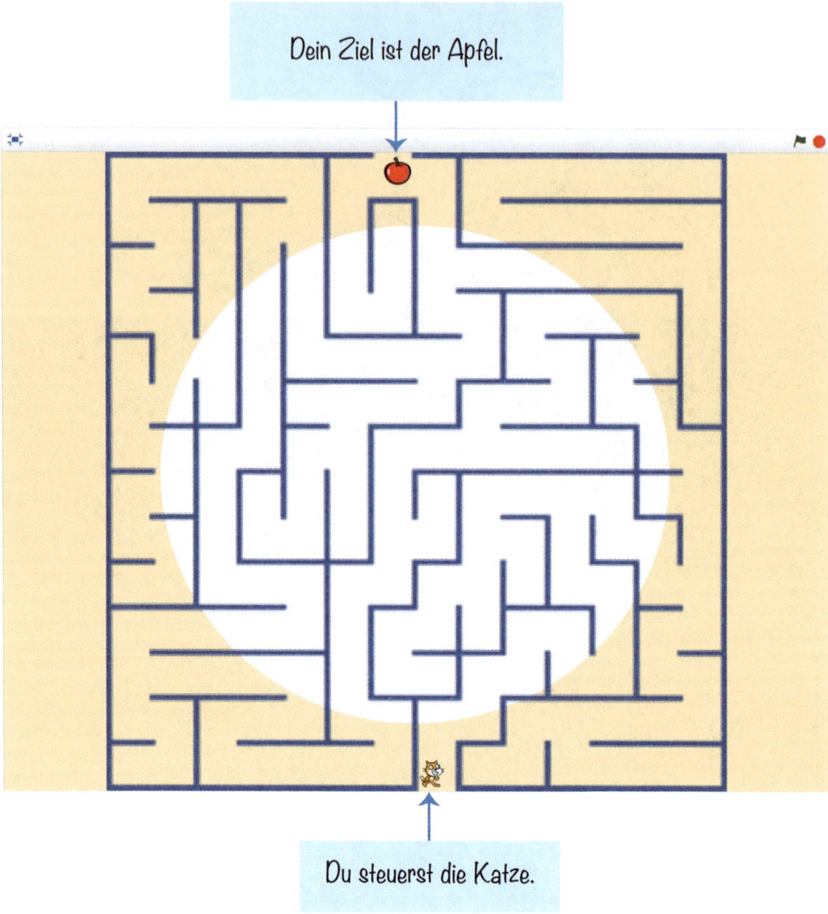

Das Projekt skizzieren

Als Erstes zeichnest du auf Papier auf, wie das Spiel aussehen soll. Mit etwas Planung wird dein Irrgartenspiel echt irre! (Nein, ich entschuldige mich nie für Wortspiele.) Die Skizze für das Labyrinthspiel siehst du in der folgenden Abbildung.

Um Zeit zu sparen, kannst du die Skelettdatei für das Projekt als Ausgangspunkt verwenden. Sie befindet sich als *maze-skeleton.sb3* in der ZIP-Datei, die du von *https://www.nostarch.com/scratch3playground/* herunterladen kannst, indem du auf den Link *Download Scratch 3 Programming Playground's resources* rechtsklickst und **Ziel speichern als** auswählst. Entpacke die Datei, nachdem du sie heruntergeladen hast. In der Skelettdatei sind bereits alle Figuren geladen, sodass du nur noch die Codeblöcke zusammenstellen musst. Um die Datei *maze-skeleton.sb3* in den Scratch-Editor zu laden, klickst du auf **Datei ▸ Von deinem Computer hochladen.**

Auch wenn du das Projektskelett nicht verwenden möchtest, solltest du die ZIP-Datei von der Website herunterladen, da sie auch die Labyrinthbilder enthält, die wir in diesem Kapitel verwenden.

Wenn du alles ganz allein gestalten willst, musst du ein neues Scratch-Projekt starten, indem du auf **Datei ▸ Neu** klickst. Ändere den Namen in dem Textfeld oben links von *Untitled* in *Labyrinth*. (In den heruntergeladenen Dateien heißt das Projekt *Maze Runner*.)

A Die Katze bewegen

In unserem Labyrinthspiel steuert der Spieler die Katzenfigur. In Teil A schreibst du den Code, um die Katze mit den Pfeiltasten lenken zu können.

x- und y-Koordinaten

Um die Katze auf der Bühne zu bewegen, musst du *Koordinaten* verwenden. Dabei handelt es sich um Zahlen, die die genaue Position angeben. Die x-Koordinate (oder x-Position) besagt, wie weit rechts oder links sich die Figur auf der Bühne befindet. Mit anderen Worten, **x** gibt die *horizontale* (waagerechte) Position der Figur an. Dagegen gibt die y-Koordinate (y-Position an), wie weit die Figur oben oder unten steht, also die *vertikale* (senkrechte) Position.

Zusammengenommen nennen die x- und die y-Koordinate die genaue Position einer Figur auf der Bühne. Die x-Koordinate steht immer an erster Stelle und wird durch ein Komma von der y-Koordinate getrennt. Beispielsweise schreibst du bei einer x-Koordinate von 42 und einer y-Koordinate von 100 die Angabe (42, 100).

In der genauen Mitte der Bühne befindet sich der Punkt (0, 0), der als der *Ursprung* bezeichnet wird. Zur Verdeutlichung habe ich in der folgenden Abbildung den Hintergrund *xy-grid* aus der Bühnenbild-Bibliothek von Scratch verwendet. (Um ihn anzuzeigen, klickst du unter *Bühne* auf **Bühnenbild wählen** und wählst dann *xy-grid* aus.) Darauf habe ich mehrere Katzenfiguren angeordnet, die alle ihre x- und y-Koordinaten nennen.

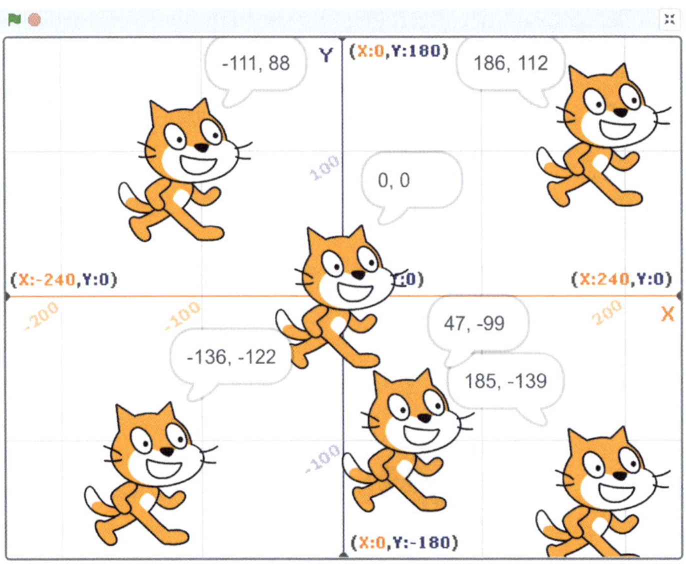

Der rechte Bühnenrand hat die x-Koordinate 240. Je weiter du nach links gehst, um so kleiner wird die x-Koordinate. Im Mittelpunkt ist sie 0, und links davon wird sie negativ bis zum Wert −240 für den linken Bühnenrand. Bei den y-Koordinaten verhält es sich ebenso: Der obere Bühnenrand hat die y-Koordinate 180, die Mitte 0 und der untere Rand −180.

Die x- und die y-Koordinate für die aktuelle Position des Mauszeigers werden in der rechten unteren Ecke der Bühne angezeigt. In der Abbildung oben befindet sich der Zeiger bei (−182, −27), also bei der x-Koordinate −182 und der y-Koordinate −27.

Die aktuelle Position der gerade ausgewählten Figur zeigt Scratch in der oberen rechten Ecke des Skript-Bereichs an. Wenn du die x- und y-Koordinate einer Figur änderst, bewegt sie sich auf der Bühne, wie die folgende Tabelle angibt.

Bewegungsrichtung	Zu ändernde Koordinate	Änderung um
Nach rechts	x	Positive Zahl
Nach links	x	Negative Zahl
Nach oben	y	Positive Zahl
Nach unten	y	Negative Zahl

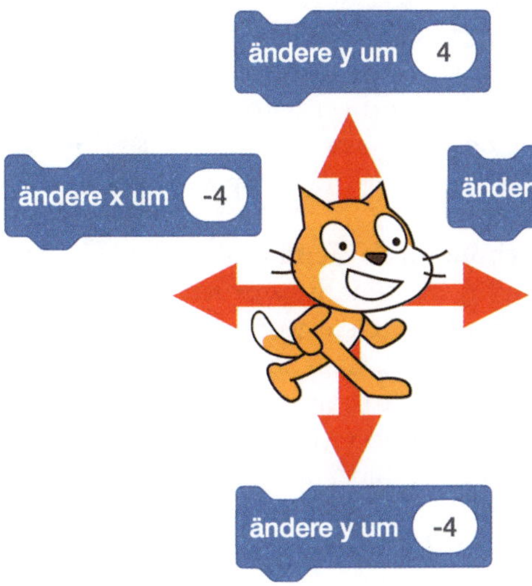

Viele der Blöcke in der dunkelblauen Gruppe *Bewegung* dienen dazu, die x- und y-Position einer Figur zu ändern, z. B. **ändere x um** und **ändere y um**. Wenn du eine Koordinate um eine negative Zahl änderst, ist das das Gleiche, als würdest du eine positive Zahl von ihr abziehen.

1. Bewegungscode zu der Figur hinzufügen

Der erste Code, den wir schreiben, sorgt dafür, dass die Katze reagiert, wenn man auf die Pfeiltasten drückt, und sich entsprechend bewegt. Als Erstes jedoch taufen wir die Katze, die zurzeit noch *Figur1* heißt, mit dem neuen Namen *Orange Cat* (»orangefarbene Katze«). Füge dann den folgenden Code hinzu. Die erforderlichen Blöcke findest du in den Gruppen *Ereignisse*, *Steuerung*, *Fühlen* und *Bewegung*.

Dieser Code prüft wiederholt, ob die angegebene Taste gedrückt wurde. Ausführlich bedeutet er: »Wiederhole fortlaufend Folgendes: Prüfe, ob die Taste mit dem Pfeil nach oben gedrückt wurde, und wenn ja, dann ändere **y** um 4.«

Solange die Pfeiltaste nicht gedrückt wird, überspringt Scratch den Code innerhalb des **falls ... dann**-Blocks.

Wenn du jetzt aber die Taste mit dem Pfeil nach oben drückst, führt das dazu, dass sich die Katzenfigur nach oben bewegt. Da wir einen Block mit der Schleife **wiederhole fortlaufend** verwenden, prüft Scratch immer wieder, ob diese Taste gedrückt wurde. Das geht so lange, bis wir auf das rote Stoppschild klicken.

Ohne den Block **wiederhole fortlaufend** funktioniert das Programm nicht, denn dann würde Scratch nur *einmal* prüfen, ob die Pfeiltaste gedrückt wurde, und dann enden. Scratch soll diese Prüfung aber ständig durchführen. Wenn es so aussieht, als würde dein Programm nichts tun, vergewissere dich, dass du den Block **wiederhole fortlaufend** nicht vergessen hast.

Achte auch darauf, dass du den Block **ändere y um** verwendest und nicht **ändere x um** oder **setze y auf**. Sollte dein Programm nicht korrekt funktionieren, vergewissere dich, dass dein Code genauso aussieht wie hier im Buch.

Zeit zu speichern!

Klicke auf die grüne Fahne und versuche, die Katze zu bewegen, indem du auf die Taste mit dem Pfeil nach oben klickst. Klicke dann auf das rote Stoppschild und speichere dein Programm.

2. Den Bewegungscode für die Katze duplizieren

Als Nächstes fügen wir Code für die drei weiteren Pfeiltasten hinzu, also für die Bewegung nach rechts, nach links und nach unten. Da er dem Code für die Bewegung nach oben sehr ähnelt, kannst du, um Zeit zu sparen, auf den orangen

falls … dann-Block rechtsklicken und **Duplizieren** wählen, um eine Kopie der Blöcke anzulegen. Dann musst du in diesen Kopien nur noch die dunkelblauen Bewegungsblöcke ändern, um die anderen Richtungen abzudecken. Blöcke zu duplizieren geht oft schneller, als neue aus der Blockpalette zu ziehen.

Scratch prüft jetzt nacheinander, ob die vier Pfeiltasten gedrückt wurden. Nachdem es nachgesehen hat, ob die Taste mit dem Pfeil nach rechts betätigt wurde, kehrt es wieder zum Anfang der Schleife zurück und überprüft die Taste mit dem Pfeil nach oben. Der Computer erledigt das so schnell, dass es uns Menschen so vorkommt, als würde er alle Tasten gleichzeitig überprüfen.

Zeit zu speichern!

Klicke auf die grüne Fahne, um den bisherigen Code zu testen. Wenn du die Pfeiltasten drückst, sollte sich die Katze entsprechend nach oben, unten, rechts und links bewegen. Klicke auf das rote Stoppschild und speichere dein Programm.

Wenn dein Programm nicht funktioniert und du nicht weißt, wie du den Fehler beheben sollst, kannst du noch einmal von vorn anfangen und dabei die Projektdatei *maze-part-a.sb3* zur Hilfe nehmen, die sich in der heruntergeladenen ZIP-Datei befindet. Lade sie über **Datei ▸ Von deinem Computer hochladen** in den Scratch-Editor und mache dann mit Teil B weiter.

B Die Labyrinthe der einzelnen Levels gestalten

Als Nächstes erstellst du eine Figur für das Labyrinth und legst ein Bühnenbild fest. Da das Labyrinthspiel schnell langweilig würde, wenn es nur ein einziges Labyrinth gäbe, fügen wir ihm mehrere Levels hinzu.

3. Die Labyrinthbilder herunterladen

Du könntest die Labyrinthfiguren selbst malen, aber wir wollen hier die Bilder aus der ZIP-Datei verwenden. Eines davon findest du in der Datei *Maze.sprite3*.

Klicke im Scratch-Editor auf **Figur aus einer Datei laden** und wähle *Maze.sprite3* aus. Dadurch wird die neue Figur *Maze* (Labyrinth) erstellt, die über mehrere Kostüme verfügt. Figuren in Scratch können jeweils mehrere Kostüme haben, um ihr Erscheinungsbild zu ändern. Diese Kostüme kannst du dir ansehen, indem du auf die Registerkarte **Kostüme** klickst. Sie werden oft dazu verwendet, um die Figur zu animieren.

Deine Figurenliste sollte jetzt wie folgt aussehen:

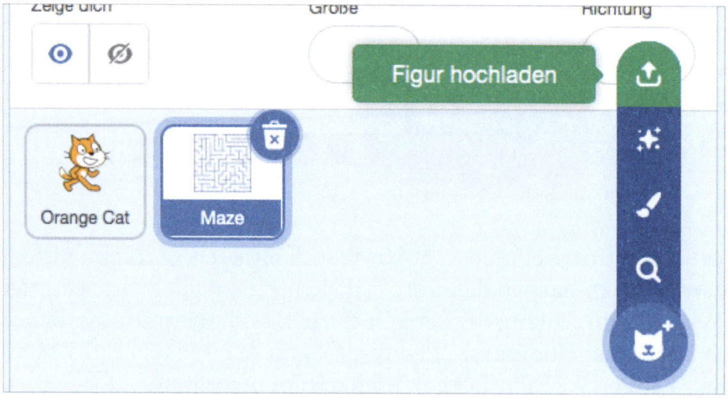

4. Das Bühnenbild ändern

Um das Labyrinth etwas interessanter zu gestalten, hinterlegen wir es mit einer Grafik. Dazu kannst du jedes Bühnenbild verwenden, das dir gefällt. Klicke dazu unter *Bühnen* auf **Bühnenbild wählen**, um die Bühnenbild-Bibliothek zu öffnen. Entscheide dich dann für einen Hintergrund (ich habe *light* verwendet) und klicke auf **OK**.

5. Das erste Labyrinth einrichten

Füge den folgenden Code zur Figur *Maze* hinzu. Die Blöcke findest du in den Gruppen *Ereignisse*, *Aussehen* und *Bewegung*.

Jedes Kostüm der Figur *Maze* stellst ein neues Level dar. Wenn der Spieler auf die grüne Fahne klickt, um das Programm zu starten, beginnt das Spiel mit dem ersten Kostüm. Dieser Code sorgt auch dafür, dass das Labyrinth im Mittelpunkt der Bühne platziert wird. Die Blöcke, um zum nächsten Level zu wechseln, fügen wir in Schritt 8 und 9 hinzu.

Beachte, dass im Skriptbereich immer die Codeblöcke für die Figur angezeigt werden, die du gerade ausgewählt hast. Daher musst du genau darauf achten, dass du in der Figurenliste auch tatsächlich *Maze* ausgewählt hast, weil du den Code für das Labyrinth sonst einer anderen Figur zuordnest. Damit eine Figur korrekt funktionieren kann, muss sie über den für sie vorgesehenen Code verfügen. Wenn dir in dem Block **wechsle zu Kostüm** nicht *maze1* zur Auswahl angeboten wird, hast du wahrscheinlich die Figur *Orange Cat* ausgewählt.

Wenn dein Programm nicht funktioniert und du nicht weißt, wie du den Fehler beheben sollst, kannst du noch einmal von vorn anfangen und dabei die Projektdatei *maze-part-b.sb3* zur Hilfe nehmen, die sich in der heruntergeladenen ZIP-Datei befindet. Lade sie über **Datei ▸ Von deinem Computer hochladen** in den Scratch-Editor und mache dann mit Teil C weiter.

C Verhindern, dass die Katze durch die Wände geht

Wenn du jetzt auf die grüne Fahne klickst, kannst du die Katze durch das Labyrinth bewegen. Allerdings kann sie dabei auch einfach durch die Wände gehen, da es in dem Programm nichts gibt, was das verhindern könnte. Der Code besagt nur: »Bewege die Katze nach rechts, wenn die Taste mit dem Pfeil nach rechts gedrückt wurde.« Die Katze bewegt sich dementsprechend, und zwar unabhängig davon, ob eine Wand im Weg steht oder nicht.

6. Prüfen, ob die Katze die Wand berührt

Wir wollen nun Code hinzufügen, um zu prüfen, ob die Katze eine der blauen Wände berührt. Wenn ja, soll sie zurückgehen. Geht sie also nach rechts und stößt sie dabei gegen die Wand, soll sie automatisch wieder nach links gehen. Dadurch wird die letzte vom Spieler ausgelöste Bewegung rückgängig gemacht und verhindert, dass die Katze die Wände durchdringt. Klicke in der Figurenliste auf die Katze und ändere den Code für sie wie folgt. Beachte, dass wir hier den Block **wird ... berührt?** verwenden und nicht **wird Farbe berührt?**

Wahrscheinlich ist dir aufgefallen, dass die Katzenfigur im Vergleich zu dem Labyrinth bisher immer so groß wie Godzilla aussah. Um sie kleiner zu machen, haben wir hier den Block **setze Größe auf** aus der Gruppe *Aussehen* eingefügt. Damit die Katze immer vor dem Labyrinth angezeigt wird, verwenden wir den Block **gehe zu vorderster Ebene**. Diese beiden Blöcke stehen am Anfang des Skripts.

Zeit zu speichern!

Klicke auf die grüne Fahne, um den bisherigen Code zu testen. Vergewissere dich, dass die Katze nicht durch die Wände laufen kann. Prüfe das für alle vier Richtungen. Klicke auf das rote Stoppschild und speichere dein Programm.

Wenn dein Programm nicht funktioniert und du nicht weißt, wie du den Fehler beheben sollst, kannst du noch einmal von vorn anfangen und dabei die Projektdatei *maze-part-c.sb3* zur Hilfe nehmen, die sich in der heruntergeladenen ZIP-Datei befindet. Lade sie über **Datei ▸ Von deinem Computer hochladen** in den Scratch-Editor und mache dann mit Teil D weiter.

D Ein Ziel am Ende des Labyrinths anlegen

Zurzeit ist noch nicht ganz deutlich, wohin der Spieler die Katze lenken soll. Füge daher am Ausgang des Labyrinths einen Apfel hinzu, damit das Ziel klarer wird.

7. Die Apfelfigur erstellen

Klicke unter *Figur* auf die Schaltfläche **Figur wählen** (die wie ein Gesicht aussieht). Wähle in der Figurenbibliothek **Apple** und klicke auf **OK**, um die neue Figur zur Liste hinzuzufügen.

Zu Anfang soll sich die Apfelfigur am Ausgang des Labyrinths befinden, der am oberen Bühnenrand liegt. Außerdem muss die Figur klein genug sein, um in die Gänge zu passen. Füge dazu den folgenden Code zu der Figur *Apple* hinzu:

8. Erkennen, wann der Spieler den Apfel erreicht

Unser Spiel enthält eine Figur für den Spieler, eine für das Labyrinth und eine für den Apfel am Ausgang. Jetzt brauchen wir noch Code, der erkennt, wann der Spieler den Ausgang erreicht. Wenn das geschieht, soll Scratch einen Klang abspielen und das Kostüm wechseln, sodass das nächste Level angezeigt wird. Bevor du den Code hinzufügst, musst du zunächst den Klang *cheer* (»Jubel«) laden. Wähle die Katze in der Figurenbibliothek aus, klicke oberhalb der Blockpalette auf die Registerkarte *Klänge* und wähle über den blauen Lautsprecher-Button **Klang wählen**.

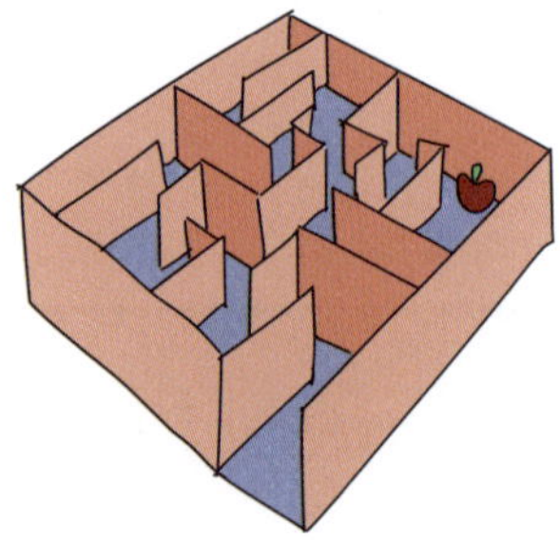

Jetzt wird die Klangbibliothek eingeblendet. Wähle in ihr *cheer* aus und klicke auf **OK**, um den Klang zu laden. Klicke dann wieder auf die Registerkarte *Skripte*.

Der Block **sende ... an alle** bewirkt, dass ein Skript unter einem passenden Block **wenn ich ... empfange** ausführt. Füge zum Code der Figur *Orange Cat* das folgende Skript hinzu:

Damit der Block **sende ... an alle** die Nachricht *next maze* (»nächstes Labyrinth«) sendet, musst du auf das schwarze Dreieck in dem Block klicken und **neue Nachricht** wählen.

Gib in dem daraufhin eingeblendeten Fenster den Nachrichtennamen *next maze* ein und klicke auf **OK**.

9. Code zur Nachrichtenverarbeitung zur Figur Maze hinzufügen

Klicke in der Figurenliste auf *Maze* und füge der Figur folgenden Code hinzu:

Dieser Code sorgt für den Wechsel zum nächsten Level, wenn die Labyrinthfigur die Nachricht *next maze* empfängt.

Zeit zu speichern!

Klicke auf die grüne Fahne, um den bisherigen Code zu testen. Versuche, das Spiel komplett durchzuspielen. Vergewissere dich, dass das nächste Level aufgerufen wird, wenn die Katze den Apfel berührt. Klicke auf das rote Stoppschild und speichere dein Programm.

Das vollständige Programm

Der folgende Code zeigt das vollständige Programm. Wenn dein Programm nicht korrekt funktioniert, vergleiche deinen Code mit dem hier gezeigten. Du findest das Programm auch als *maze.sb3* in der ZIP-Datei.

Ich hoffe, der Code für dieses Labyrinthprogramm ist nicht zu labyrinthisch.

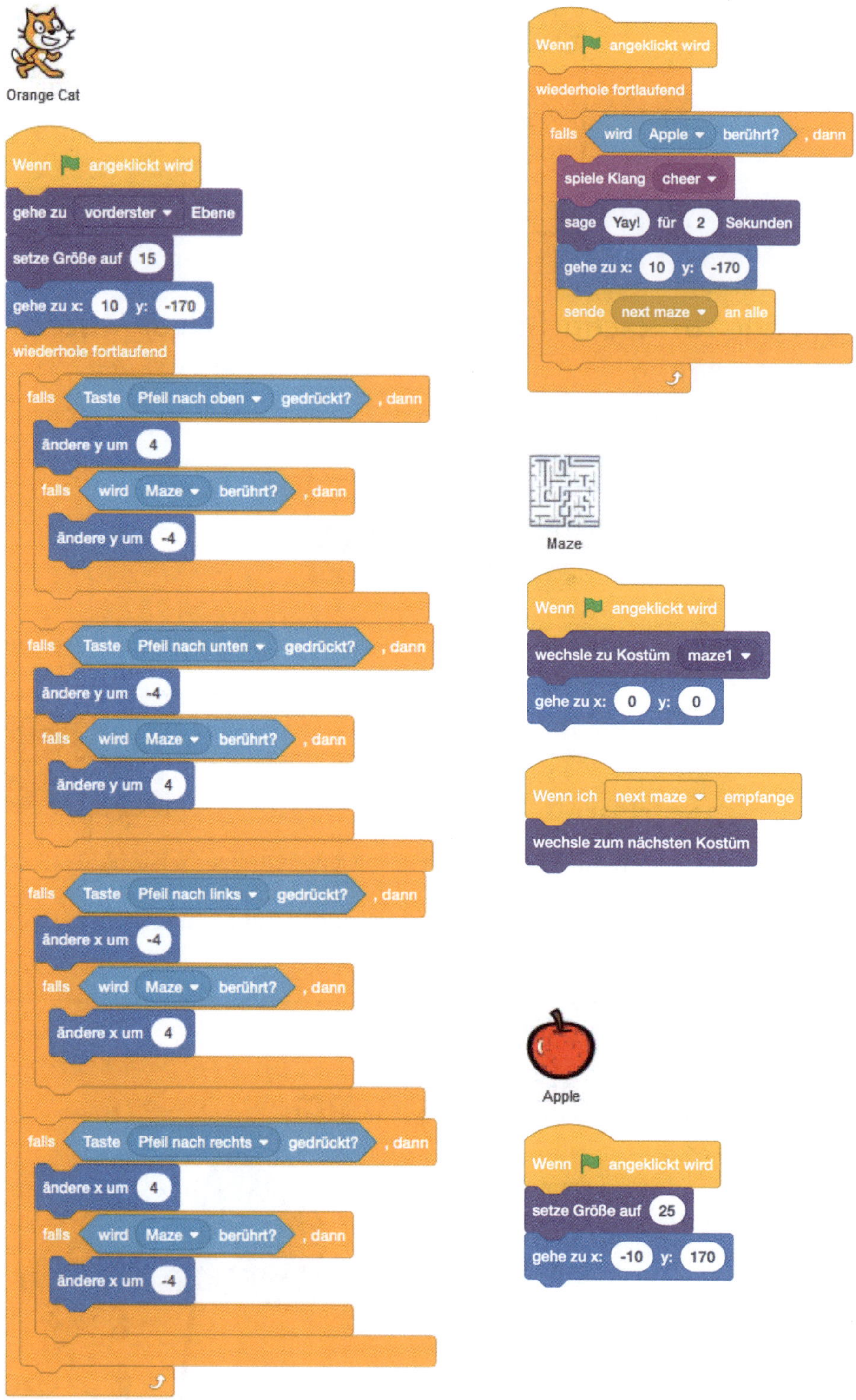

Orange Cat
Wenn angeklickt wird
gehe zu vorderster Ebene
setze Größe auf 15
gehe zu x: 10 y: -170
wiederhole fortlaufend
falls Taste Pfeil nach oben gedrückt? , dann
ändere y um 4
falls wird Maze berührt? , dann
ändere y um -4
falls Taste Pfeil nach unten gedrückt? , dann
ändere y um -4
falls wird Maze berührt? , dann
ändere y um 4
falls Taste Pfeil nach links gedrückt? , dann
ändere x um -4
falls wird Maze berührt? , dann
ändere x um 4
falls Taste Pfeil nach rechts gedrückt? , dann
ändere x um 4
falls wird Maze berührt? , dann
ändere x um -4
Wenn angeklickt wird
wiederhole fortlaufend
falls wird Apple berührt? , dann
spiele Klang cheer
sage Yay! für 2 Sekunden
gehe zu x: 10 y: -170
sende next maze an alle
Maze
Wenn angeklickt wird
wechsle zu Kostüm maze1
gehe zu x: 0 y: 0
Wenn ich next maze empfange
wechsle zum nächsten Kostüm
Apple
Wenn angeklickt wird
setze Größe auf 25
gehe zu x: -10 y: 170

Version 2.0: Zwei-Spieler-Modus

Da das Labyrinthspiel jetzt in seinen Grundzügen funktioniert, kannst du es nach und nach erweitern. Durch eine solche »iterative Entwicklung« verhinderst du, dass du gleich zu Anfang ein Projekt angehst, das zu umfangreich ist, um es zu vollenden.

In Version 2.0 des Labyrinthspiels sollen zwei Spieler gegeneinander antreten. Der eine beginnt am unteren Rand und arbeitet sich nach oben vor, während sich der andere von oben nach unten durch das Labyrinth bewegt. Da beide den gleichen Weg haben, ist die zurückzulegende Strecke für beide gleich.

Die Apfelfigur duplizieren

Auch der zweite Spieler braucht ein Ziel. Rechtsklicke auf die Figur *Apple* und wähle **Duplizieren**, um die Figur und ihren Code zu kopieren. Diese Kopie wird automatisch *Apple2* genannt. Wähle sie aus und klicke auf die Registerkarte **Kostüme**. Wähle in der Farbpalette unten Grün aus und klicke auf das Füllwerkzeug auf der rechten Seite (mit dem Symbol, das wie ein gekippter Eimer aussieht). Klicke dann auf den roten Teil des Apfels, um ihn grün zu färben. Daraufhin sieht *Apple2* so wie in der folgenden Abbildung aus.

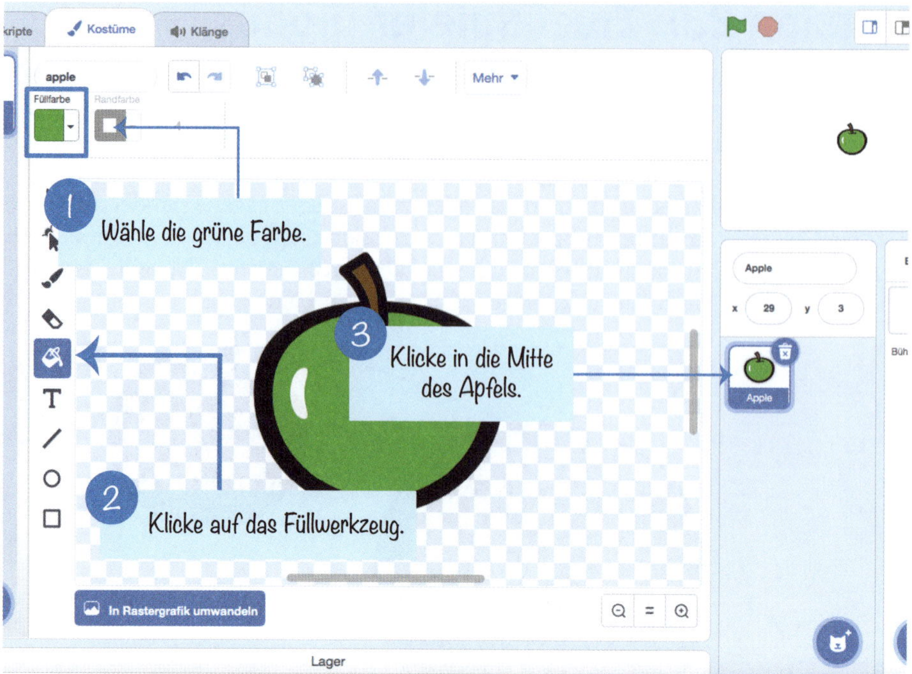

Den Code von Apple2 ändern

Damit der grüne Apfel zu Spielbeginn am unteren Ausgang des Labyrinths erscheint und nicht am oberen, musst du den Code für diese Figur wie folgt ändern:

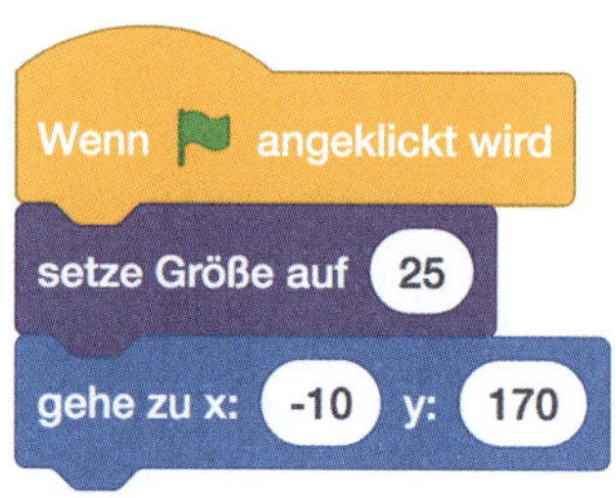

Die orangefarbene Katze kopieren

Als Nächstes fügen wir eine zweite Katzenfigur hinzu. Rechtsklicke auf *Orange Cat* und wähle **Duplizieren**, um eine Kopie der Katze und ihres Codes anzulegen. Die neue Figur wird automatisch *Orange Cat2* genannt. Damit die beiden Spieler ihre Figuren auseinanderhalten können, müssen sich *Orange Cat* und *Orange Cat2* jedoch deutlich unterscheiden. Klicke auf **Kostüme** und färbe *Orange Cat2* blau. Gehe dabei so vor wie bei dem Apfel.

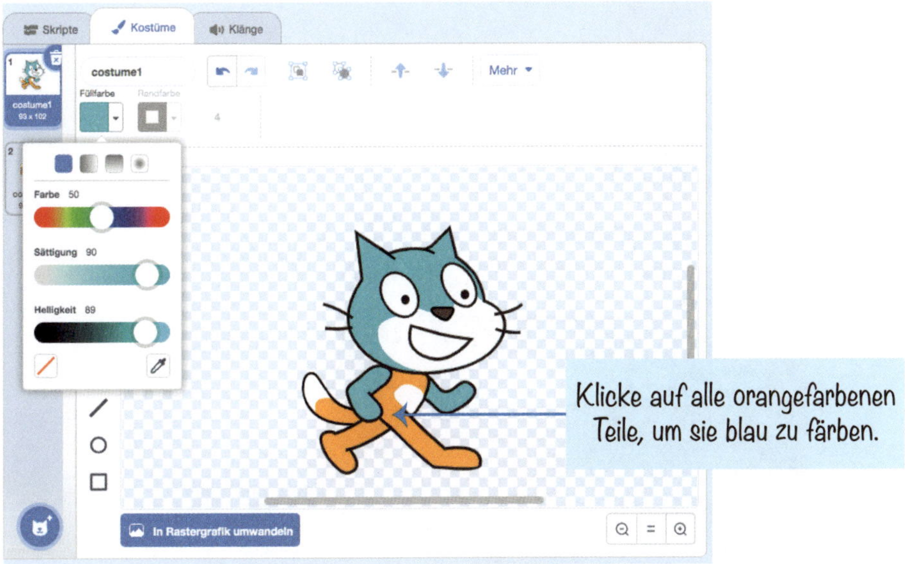

Benenne im Kostüm-Fenster *Orange Cat2* in *Blue Cat* um.

Den Code für die blaue Katze ändern

Zurzeit hat die blaue Katze noch denselben Code wie die orangefarbene. Das müssen wir ändern, da die Pfeiltasten sonst beide Figuren steuern würden. Um die blaue Katze zu lenken, soll der zweite Spieler die Tasten [W], [A], [S] und [D] verwenden. Sie werden häufig als Ersatz für die Pfeiltasten zur Steuerung mit der linken Hand verwendet.

Ändere die Blöcke **gehe zu x: y:** und **Taste ... gedrückt?** für die blaue Katze wie in der folgenden Abbildung. Denke auch daran, **wird Apple berührt?** in **wird Apple2 berührt?** zu ändern.

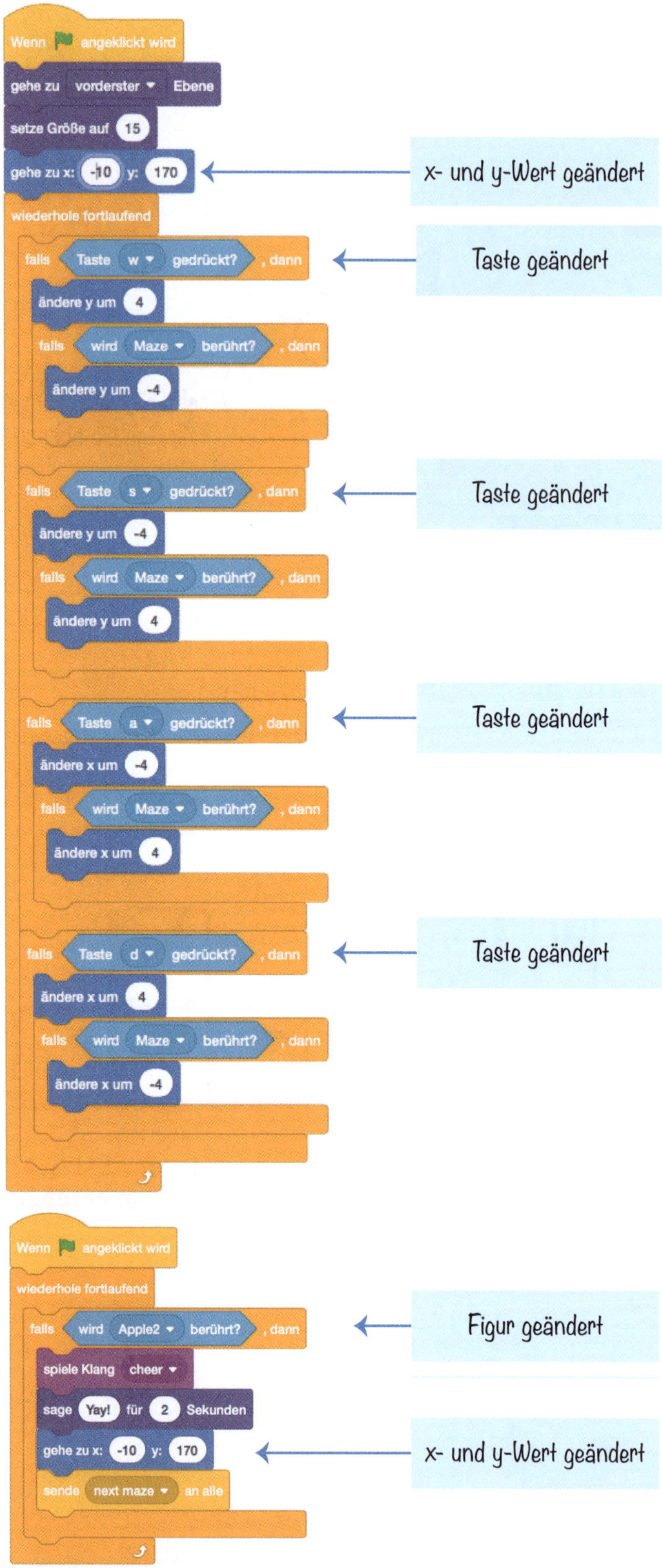
Wenn angeklickt wird
gehe zu vorderster Ebene
setze Größe auf 15
gehe zu x: -10 y: 170
x- und y-Wert geändert
wiederhole fortlaufend
falls Taste w gedrückt? , dann
Taste geändert
ändere y um 4
falls wird Maze berührt? , dann
ändere y um -4
falls Taste s gedrückt? , dann
Taste geändert
ändere y um -4
falls wird Maze berührt? , dann
ändere y um 4
falls Taste a gedrückt? , dann
Taste geändert
ändere x um -4
falls wird Maze berührt? , dann
ändere x um 4
falls Taste d gedrückt? , dann
Taste geändert
ändere x um 4
falls wird Maze berührt? , dann
ändere x um -4
Wenn angeklickt wird
wiederhole fortlaufend
falls wird Apple2 berührt? , dann
Figur geändert
spiele Klang cheer
sage Yay! für 2 Sekunden
gehe zu x: -10 y: 170
x- und y-Wert geändert
sende next maze an alle

Zurück an den Start

Die Figuren sollen zu ihrer Ausgangsposition zurückkehren, wenn sie ihren Apfel berühren, aber auch, wenn die andere Katze gewonnen hat. Füge der Figur *Orange Cat* folgendes Skript hinzu:

Und die Figur *Blue Cat* erhält das folgende Skript:

Wenn eine Katze gewinnt und die Nachricht *next maze* sendet, kehren dadurch beide Katzen an ihre Ausgangsposition zurück.

Zeit zu speichern!

Klicke auf die grüne Fahne, um den bisherigen Code zu testen. Versuche, beide Katzen mit den Pfeiltasten bzw. den WASD-Tasten zu bewegen. Vergewissere dich, dass die acht Tasten jeweils die richtige Katze und nur diese bewegen. Prüfe, ob auch dann ein neues Level erscheint, wenn der zweite Spieler den grünen Apfel erreicht, und ob dann beide Spieler an den Ausgangspunkt zurückkehren. Klicke auf das rote Stoppschild und speichere dein Programm.

Damit hast du dein Labyrinthspiel zu einem Spiel für zwei Personen erweitert! Probiere es zusammen mit einem Freund aus, wobei einer von euch die Pfeiltasten verwendet und der andere die WASD-Tasten.

Cheat-Modus: Durch die Wände gehen

Teleportation wäre eine faszinierende Möglichkeit für einen Cheat, aber dabei könnten die Spieler den Zielort nicht bestimmen. Außerdem würde es zu schnell auffallen, dass ein Spieler schummelt, wenn eine der Figuren von einem Augenblick zum nächsten an einer völlig anderen Stelle der Bühne auftauchen würde. Du kannst jedoch einen unauffälligeren Cheat hinzufügen, bei dem die Katze durch die Wand gehen kann, wenn der Spieler eine bestimmte Taste gedrückt hält.

Den Code hinzufügen, mit dem die orangefarbene Katze Wände durchdringt

Ändere den Code für die Bewegung der orangefarbenen Katze, indem du die Blöcke **wird Maze berührt?** jeweils durch **wird Maze berührt und nicht Taste l gedrückt?** ersetzt. Das folgende Beispiel zeigt nur den Code für die Taste mit dem Pfeil nach oben, aber du musst die Blöcke in allen vier Fällen von **falls Taste … gedrückt? dann** austauschen.

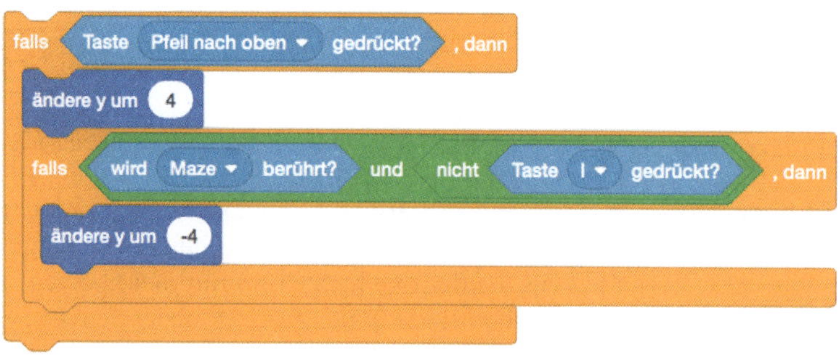

Dadurch wird der Code, der verhindert, dass die Katze durch die Wände geht, nur dann ausgeführt, wenn die Taste [L] *nicht* gedrückt wird. Drückt ein Spieler dagegen diese Taste, wird der Code übersprungen, sodass seine Figur durch die Wand gehen kann.

Den Code hinzufügen, mit dem die blaue Katze Wände durchdringt

Nimm dieselben Änderungen am Code für die Figur *Blue Cat* vor, wobei du allerdings **Taste q gedrückt?** statt **Taste l gedrückt?** verwendest. Dadurch kann der zweite Spieler durch die Wand gehen, während er die Taste [Q] gedrückt hält.

Zeit zu speichern!

Klicke auf die grüne Fahne, um den bisherigen Code zu testen. Versuche, durch die Wand zu gehen, indem du die Taste [L] oder [Q] gedrückt hältst. Vergewissere dich, dass beide Katzen durch die Wand gehen können, aber nur dann, wenn die richtige Taste für sie gedrückt wurde. Klicke auf das rote Stoppschild und speichere dein Programm.

Mit diesem Cheat-Code kannst du jetzt schummeln und die Katze durch die Wände gehen lassen. Wie du siehst, kannst du in deinen Scratch-Programmen alles möglich machen!

Zusammenfassung

In dem Projekt in diesem Kapitel hast du Folgendes getan:

- Du hast dafür gesorgt, dass die Katzenfigur nach oben, unten, links oder rechts geht, wenn der Spieler bestimmte Tasten drückt.
- Du hast Wände errichtet, die die Katze nicht durchdringen kann.
- Du hast Nachrichten von einer Figur an eine andere gesendet.
- Du hast eine Labyrinthfigur mit acht verschiedenen Kostümen verwendet.
- Du hast dafür gesorgt, dass in dem Spiel zwei Spieler gegeneinander antreten können, die unterschiedliche Tasten verwenden.
- Du hast einen Cheat-Modus hinzufügt, in dem die Katze durch die Wand gehen kann.

Ein Spiel für zwei Personen ist viel spannender als eines für nur einen Spieler, denn anstatt einfach aus dem Labyrinth herauszufinden, lieferst du dir jetzt ein Wettrennen mit einem anderen. Außerdem kannst du dein Scratch-Spiel auf diese Weise viel besser anderen Personen vorführen.

In Kapitel 4 schreibst du ein Basketballspiel. Im Gegensatz zu der Draufsicht des Labyrinthspiels verwenden wir dafür eine Seitenansicht. Das bedeutet, dass die Figur auch springen kann und den Einfluss der Schwerkraft spürt. Beides sind großartige Elemente in vielen Arten von Scratch-Spielen.

Wiederholungsfragen

Versuche die folgenden Fragen zu beantworten, um zu prüfen, was du gelernt hast. Wahrscheinlich hast du nicht alle Antworten im Kopf, aber du kannst dir jederzeit den Scratch-Editor ansehen, um die Lösung herauszufinden. (Die Antworten stehen online auf *www.dpunkt.de/scratch3*.)

1. Welcher Block ändert die Größe einer Figur?
2. Wie kann der Code in einer Figur eine Nachricht an eine andere Figur senden, damit diese etwas Bestimmtes tut?
3. Wie kannst du die WASD-Tasten verwenden?
4. Wie kannst du Codeblöcke von einer Figur zu einer anderen kopieren?
5. Was geschieht, wenn du statt des Codeblocks **ändere x um** versehentlich **ändere y um** verwendest?
6. Wie lädst du den Klang *cheer*, wenn eine Figur jubeln soll?
7. Schau dir den folgenden Code an. Er sorgt dafür, dass sich die Figur nach links und rechts bewegt, wenn der Spieler die betreffenden Pfeiltasten drückt. Wie kannst du dafür sorgen, dass sich die Figur schneller bewegt?

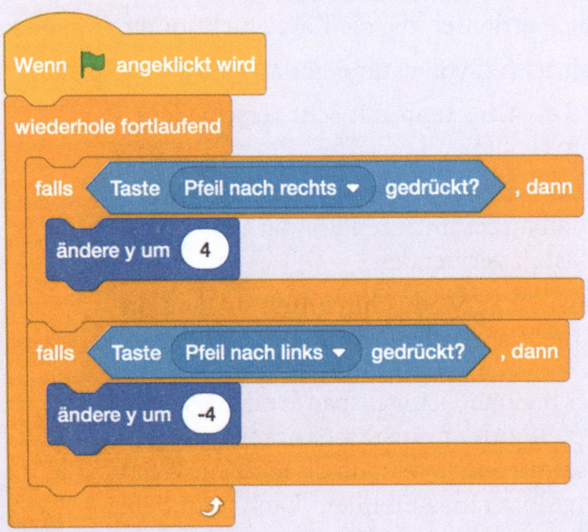

4
Basketball mit Schwerkraft

Viele Jump-&-Run-Spiele wie *Super Mario Bros.* oder *Sonic the Hedgehog* zeigen die Handlung in der Seitenansicht, wobei der untere Bildschirmrand den Boden darstellt und die Figuren von der Seite zu sehen sind. Bei diesen Spielen wirkt sich die Schwerkraft aus: Die Figuren können in die Höhe springen und fallen herunter, bis sie wieder den Boden berühren. In diesem Kapitel schreiben wir ein Basketballspiel mit Schwerkraft. Die Spielfigur kann darin springen und einen Ball werfen, und sowohl die Figur als auch der Ball fallen wieder nach unten.

Bevor du mit dem Programmieren beginnst, solltest du dir das fertige Spiel auf *https://www.nostarch.com/scratch3playground/* anschauen.

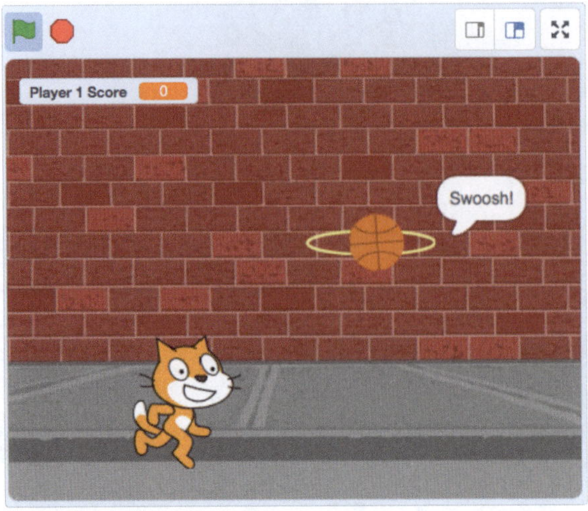

Das Projekt skizzieren

Als Erstes wollen wir skizzieren, was in dem Spiel passieren soll. Der Spieler steuert die Katze, die sich nach rechts und links bewegen und springen kann. Das Ziel besteht darin, Bälle in einen Ring zu werfen, der sich zufällig auf der Bühne bewegt.

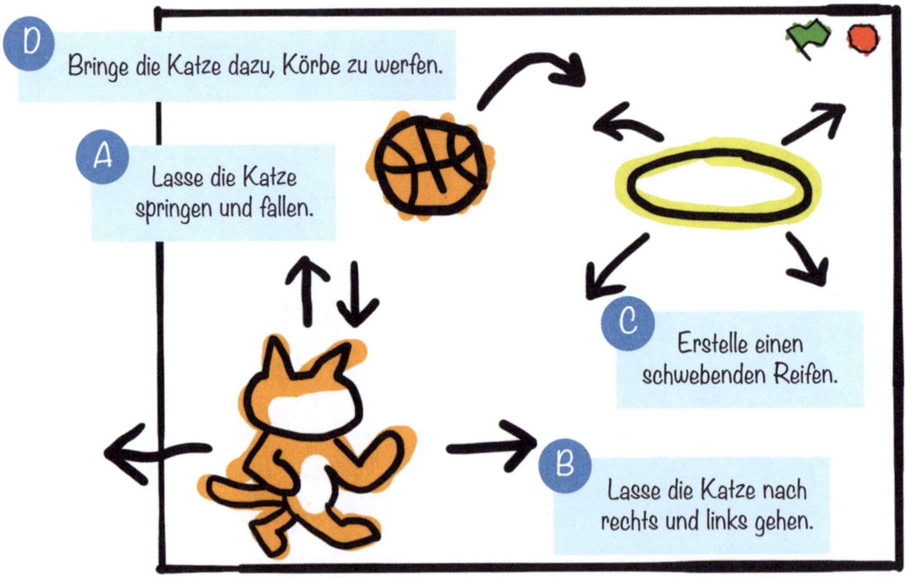

Um Zeit zu sparen, kannst du die Skelettdatei für das Projekt als Ausgangspunkt verwenden. Sie befindet sich als *basketball-skeleton.sb3* in der ZIP-Datei, die du von *https://www.nostarch.com/scratch3playground/* herunterladen kannst, indem du auf den Link *Download Scratch 3 Programming Playground's resources* rechtsklickst und **Ziel speichern als** auswählst. Entpacke anschließend die ZIP-Datei. In der Skelettdatei sind bereits alle Figuren geladen und tragen die im folgenden Abschnitt verwendeten Namen, sodass du nur noch die Codeblöcke zusammenstellen musst.

A Die Katze springen und fallen lassen

Als Erstes wollen wir für Schwerkraft sorgen, damit die Katze springen und herunterfallen kann.

1. Den Schwerkraftcode zur Katze hinzufügen

Benenne im Figuren-Eingabefeld *Figur1* in *Cat* um. Sofern du als Scratcher angemeldet bist, kannst du im Textfeld oben im Scratch-Editor anstelle von *Untitled* den neuen Namen *Basketball* für das Programm eingeben..

Klicke unter *Bühne* auf **Bühnenbild wählen**, um die Bühnenbild-Bibliothek zu öffnen. Wähle darin **Wall 1** aus und klicke auf **OK**. Die Bühne sieht jetzt wie folgt aus:

Um in dem Programm für Schwerkraft zu sorgen, brauchst du *Variablen*. Eine Variable kannst du dir als einen Behälter zum Speichern von Zahlen oder Text vorstellen, die du später in dem Programm verwenden kannst. Für unser Spiel erstellen wir eine Variable mit einer Zahl, die angibt, wie schnell die Katze fällt.

Wähle dazu als Erstes die Figur *Cat* in der Liste aus und öffne die Registerkarte *Skripte*. Klicke dann in der orangefarbenen Gruppe *Variablen* auf die Schaltfläche **Neue Variable**. Dadurch wird das gleichnamige Fenster eingeblendet. Gib als Variablenname *y velocity* ein (»y-Geschwindigkeit«). Diese Variable besagt, wie schnell sich etwas nach oben oder unten bewegt. Ist *y velocity* eine positive Zahl, bewegt sich die Katze nach oben, ist es eine negative Zahl, sinkt sie nach unten. Vergewissere dich, dass **Nur für diese Figur** ausgewählt ist. (Wenn *Für alle Figuren* ausgewählt ist, hast du die Bühne markiert, nicht die Katze!) Klicke anschließend auf **OK**.

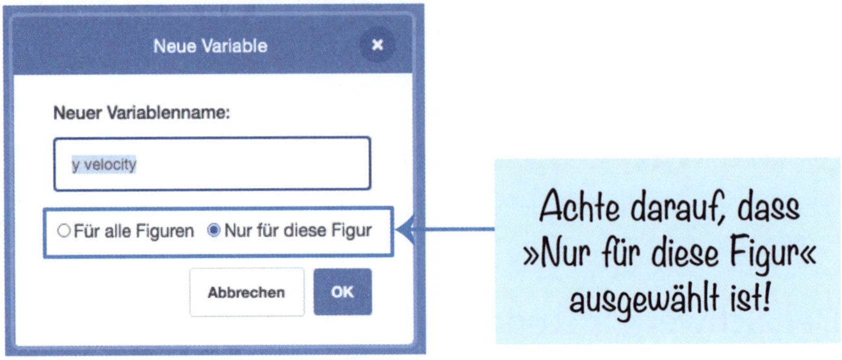

Jetzt erscheinen in der Gruppe *Variablen* mehrere neue Blöcke. Einer davon ist der abgerundete Variablenblock *y velocity*.

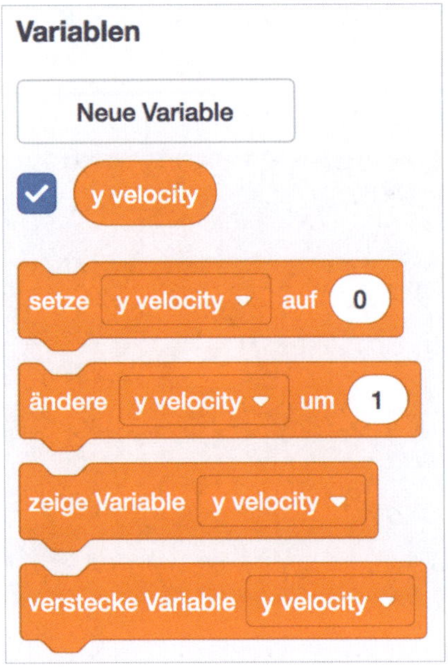

»Für alle Figuren« und »Nur für diese Figur«

Als du die Variable *y velocity* erstellt hast, musstest du **Nur für diese Figur** auswählen. Diese Einstellung sorgt dafür, dass die Variable, die du anlegst, nur von der Katze verwendet werden kann. Mit *Für alle Figuren* dagegen erstellst du Variablen, die alle Figuren nutzen können.

Um zu prüfen, was für eine Art von Variable du angelegt hast, setzt du ein Häkchen in das Kästchen neben dem abgerundeten Variablenblock in der Palette, sodass die Variable auf der Bühne angezeigt wird. Hast du *Nur für diese Figur* ausgewählt, erscheint vor dem Variablennamen der Name der Figur. Bei *Für alle Figuren* dagegen wird nur der Variablenname angegeben.

Sollte der Figurenname *Cat* nicht vor dem Variablennamen angezeigt werden, klickst du mit der rechten Maustaste in der orangefarbenen Gruppe *Variablen* auf den Block **y velocity** und wählst **Variable löschen**. Erstelle die Variable *y velocity* dann neu, aber achte diesmal darauf, dass **Nur für diese Figur** ausgewählt ist.

Du kannst den Block *y velocity* und auch jeden anderen Variablenblock überall dort platzieren, wo du eine Zahl oder Text eingeben kannst. Der Codeblock, in den du die Variable einfügst, verwendet dann die in der Variable gespeicherte Zahl bzw. den Text. Wenn du Variablen verwendest, kannst du die darin gespeicherten Zahlen oder Texte *im laufenden Programm* ändern.

Um einen Wert in deiner Variable zu speichern, verwendest du den orangefarbenen Block **setze ... auf**. Wenn du beispielsweise die Variable *Begrüßung* erstellt hast, kannst du mit **setze ... auf** den Wert *Hallo!* darin aufnehmen. Dann kannst du *Begrüßung* in einen **sage**-Block einfügen, was das Gleiche bewirkt, als würdest du *Hallo!* direkt in diesen Block schreiben. (Füge diese Blöcke nicht zu dem Programm *Basketball* hinzu, und erstelle hier auch nicht die Variable *Begrüßung* – dies ist nur ein Beispiel!)

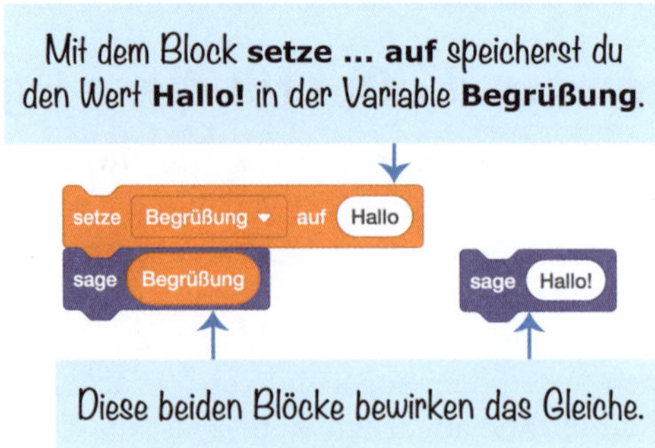

Um den Text der Begrüßung im Programmverlauf zu ändern, fügst du einen weiteren **setze ... auf**-Block hinzu. Bei Variablen, die Zahlen enthalten, kannst du auch den Block **ändere ... um** verwenden, um etwas von der Zahl abzuziehen oder zu ihr zu addieren.

Die Schwerkraft sorgt dafür, dass ein Objekt nach unten *beschleunigt*. Wenn die Katzenfigur im Spiel nach unten sinkt, muss sich diese Sinkgeschwindigkeit also im Programmverlauf ändern. Füge den folgenden Code zur Figur *Cat* hinzu, um in deinem Scratch-Programm die Schwerkraft wirken zu lassen. Das ist die Mindestmenge an Code, die du brauchst, damit eine Figur unter Schwerkrafteinfluss fällt. Du kannst ihn zu jeder Figur hinzufügen, die fallen muss.

Wenn du auf die grüne Fahne klickst, wird die Variable *y velocity* auf 0 gesetzt. Dann tritt das Skript in eine Endlosschleife ein. Darin wird die y-Position (die vertikale Position) der Katze um den Wert von *y velocity* geändert und *y velocity* um −2. Mit jedem Schleifendurchlauf ändert sich die y-Position schneller, sodass die Katze immer schneller fällt.

Zeit zu speichern!

Ziehe als Erstes die Katzenfigur zum oberen Bildschirmrand. Klicke dann auf die grüne Fahne und beobachte, wie die Katze fällt. Um sie abermals fallen zu lassen, musst du auf das rote Stoppschild klicken, die Katze wieder zum oberen Bühnenrand ziehen und erneut auf die grüne Fahne klicken. Speichere dein Programm.

2. Code für die Landung auf dem Boden hinzufügen

Die Katze fällt jetzt zwar, aber wir wollen auch, dass sie damit aufhört, wenn sie den Boden erreicht. Dazu ergänzen wir den Code für die Figur *Cat* wie folgt:

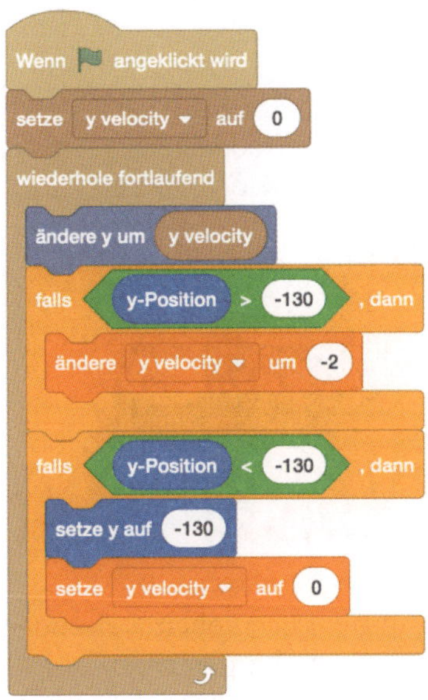

In diesem Code verwenden wir als **y-Position** des Bodens den Wert −130. Ist die y-Position der Katze größer als −130 (befindet sie sich also über dem Boden), so wird *y velocity* um −2 geändert, und die Katze fällt weiter. Schließlich fällt die Katze aber unter die Bodenebene, sodass ihre y-Position kleiner als −130 ist. Wenn das geschieht, wird die Figur auf die y-Position −130 zurückgesetzt und *y velocity* auf 0 gesetzt, damit die Katze nicht weiter fällt.

Zeit zu speichern!

Klicke auf die grüne Fahne, um den bisherigen Code zu testen. Ziehe die Katze mit der Maus nach oben und lass sie fallen. Vergewissere dich, dass sie bis zum Boden fällt, aber nicht über den unteren Bühnenrand hinaus sinkt. Du kannst auch verschiedene andere Bodenhöhen ausprobieren, indem du statt −130 eine andere Zahl verwendest. Klicke auf das rote Stoppschild und speichere dein Programm.

Wenn du mit dem Testen fertig bist, solltest du die Variable *y velocity* auf der Bühne unsichtbar machen, indem du in der orangefarbenen Gruppe *Variablen* das Häkchen aus dem Kästchen neben dem Variablenblock nimmst.

3. Den Springcode zur Katze hinzufügen

Da die Katze jetzt über Schwerkraftcode verfügt, ist es einfach, sie springen zu lassen. Füge der Figur *Cat* folgenden Code hinzu:

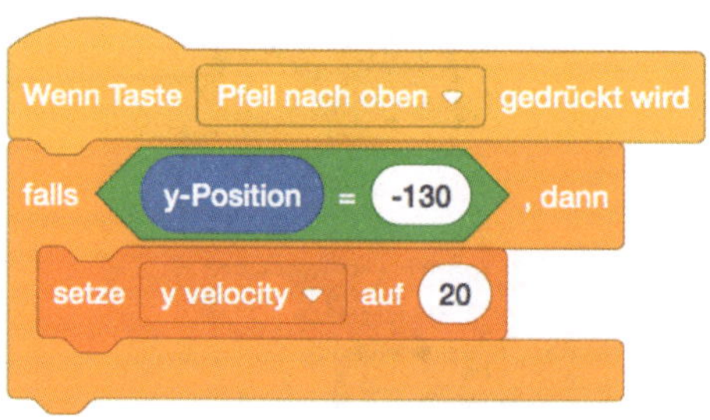

Wenn du jetzt die Taste mit dem nach oben weisenden Pfeil drückst, wird *y velocity* auf die positive Zahl 20 gesetzt, sodass die Figur nach oben springt. Allerdings wird die Variable *y velocity* immer noch bei jedem Durchlauf der Endlosschleife um 2 verringert. Die Katze steigt also zunächst 20 Einheiten in die Höhe, beim nächsten Durchlauf nur noch 18, dann 16 usw. Der Block **falls … dann** prüft, ob sich die Katze überhaupt am Boden befindet, denn es sollte nicht möglich sein, die Katze zum Springen zu veranlassen, wenn sie bereits in der Luft schwebt.

Wenn *y velocity* auf 0 gesetzt wird, hat die Katze den höchsten Punkt ihrer Flugbahn erreicht. Da die Variable bei jedem weiteren Durchlauf um −2 geändert wird, beginnt die Katze anschließend wieder zu fallen, bis sie den Boden berührt. Probiere verschiedene Zahlenwerte für die Blöcke **setze y velocity auf** und **ändere y velocity um** aus. Finde heraus, wie du die Katze höher oder weniger hoch springen lassen kannst (aber immer oberhalb des Bodens) oder wie du die Schwerkraft stärker und schwächer machst.

Zeit zu speichern!

Klicke auf die grüne Fahne, um den bisherigen Code zu testen. Drücke die Taste mit dem Pfeil nach oben und vergewissere dich, dass die Katze nach oben springt und wieder nach unten fällt. Klicke auf das rote Stoppschild und speichere dein Programm.

B Die Katze nach rechts und links gehen lassen

Als Nächstes fügen wir der Figur *Cat* Code hinzu, sodass der Spieler sie mithilfe der Tastatur nach rechts und links gehen lassen kann.

4. Gehcode zur Katze hinzufügen

Füge unterhalb des Codes für die Figur *Code* folgenden weiteren Code hinzu:

In der Schleife **wiederhole fortlaufend** prüft das Programm, ob die Tasten mit dem Pfeil nach links oder rechts gedrückt wurden. Wenn ja, wechselt die Katzenfigur zum nächsten Kostüm und ändert ihre x-Position um −10 (nach links) bzw. 10 (nach rechts). Die Figur *Cat* hat zwei Kostüme, die du dir anschauen kannst, indem du auf die Registerkarte *Kostüme* über der Blockpalette klickst. Dadurch, dass die Katze im Block **nächstes Kostüm** ständig das Kostüm wechselt, sieht es so aus, als würde sie gehen.

Zeit zu speichern!

Klicke auf die grüne Fahne, um den bisherigen Code zu testen. Drücke die Tasten mit dem Pfeil nach links und rechts und vergewissere dich, dass die Katze in die richtige Richtung geht. Wenn die Katze sich nach links bewegt, sieht es so aus, als ginge sie rückwärts; das ist aber so in Ordnung. Klicke auf das rote Stoppschild und speichere dein Programm.

C Einen schwebenden Reifen erstellen

Nachdem wir nun die Figur *Cat* fertiggestellt haben, gehen wir zur nächsten Figur über, nämlich dem Reifen, durch den wir die Bälle werfen wollen.

5. Die Figur für den Reifen erstellen

Klicke auf die Schaltfläche **Malen**, die erscheint, sobald du den Mauszeiger auf den Button **Figur wählen** bewegst oder darauf tippst. Die Schaltflächen der Zeichenwerkzeuge erscheinen auf der linken Seite des Zeichenbereichs. Wähle eine gelbe Farbe und verwende das Ellipse-Werkzeug, um einen Kreis zu zeichnen. Um die Linie des Kreises dicker zu machen, erhöhe die Zahl im Eingabefeld neben den Feldern Füll- und Randfarbe. Achte darauf, dass sich das Fadenkreuz des Zeichenbereichs im Mittelpunkt der Ellipse befindet.

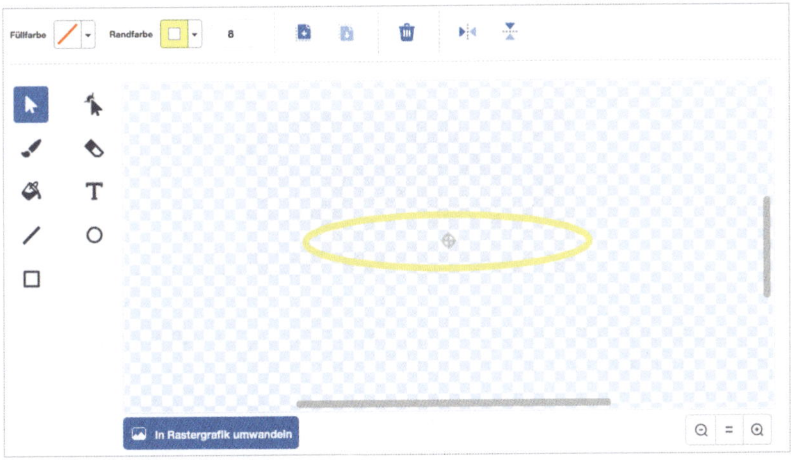

Gib der Figur im Figuren-Eingabefenster den Namen *Hoop* (»Reifen«). Diese Figur soll einen Jubelklang abspielen, wenn der Spieler einen Korb wirft. Daher laden wir als Nächstes den Klang *cheer*. Klicke oberhalb der Blockpalette auf die Registerkarte **Klänge** und dann , über den Button mit dem Lautsprechersymbol *Klang wählen*, auf die gleichnamige Schaltfläche. In dem Auswahlfenster **Klang wählen** wählst du dann *cheer* aus und klickst auf **OK**.

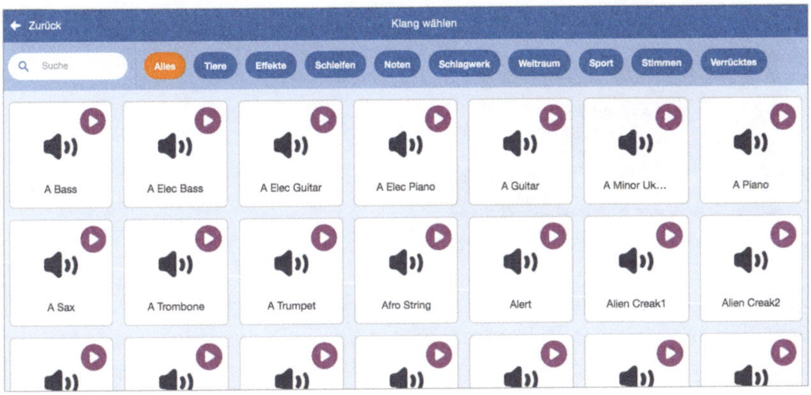

Der Klang *cheer* erscheint jetzt als Auswahlmöglichkeit im Block **spiele Klang**, den wir im Folgenden zu der Figur *Hoop* hinzufügen.

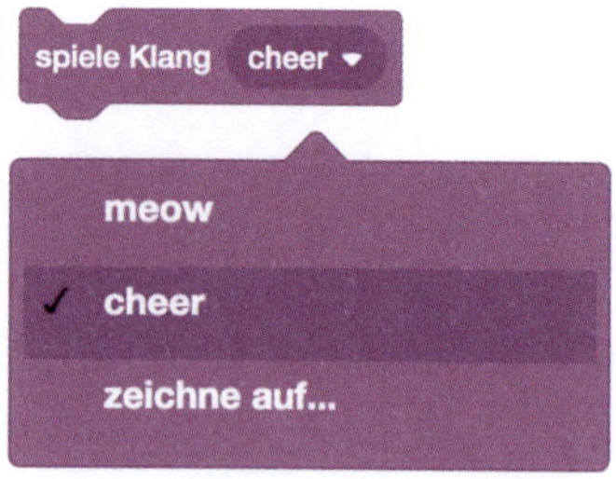

Füge *Hoop* den folgenden Code hinzu, damit die Figur zufällig über die obere Hälfte der Bühne gleitet und bei einem Treffer den Jubelklang abspielt. In dem zweiten Skript musst du dafür sorgen, dass eine Nachricht empfangen werden kann. Klicke dazu auf das schwarze Dreieck des Blocks **Wenn ich ... empfange** und wähle **Neue Nachricht**. Gibt als Namen für die Nachricht *swoosh* ein.

1

2

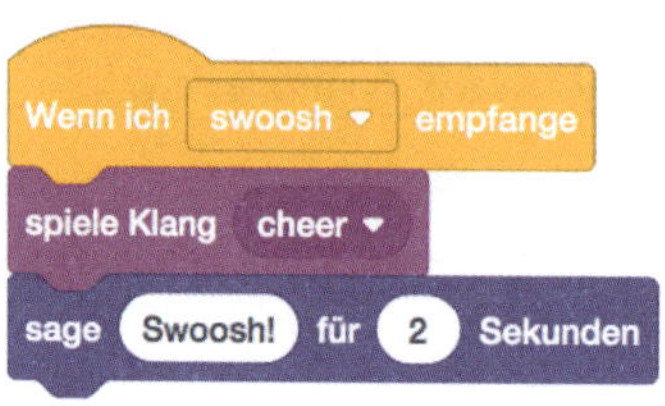

Skript 1 sorgt dafür, dass der Reifen in jeder Sekunde an eine neue Position schwebt. Ein beweglicher Reifen macht das Spiel viel kniffliger und spannender! Skript 2 spielt den Klang *cheer* ab und zeigt »*Swoosh!*« an, wenn es die Nachricht *swoosh* empfängt. Wir werden später dafür sorgen, dass die Figur für den Ball diese Nachricht sendet, wenn sie im Korb landet.

6. Die Hitbox-Figur erstellen

Als Nächstes müssen wir überlegen, wie der Code erkennen kann, ob der Spieler einen Korb geworfen hat. Wir könnten zwar ein Programm schreiben, das prüft, ob der Ball den Reifen *berührt*, aber dabei würde auch schon ein einfaches Anstoßen an den Ring als Korb zählen. In Wirklichkeit wollen wir aber nur dann einen Treffer anerkennen, wenn der Ball durch die Mitte des Reifens geht. Aber wie machen wir das?

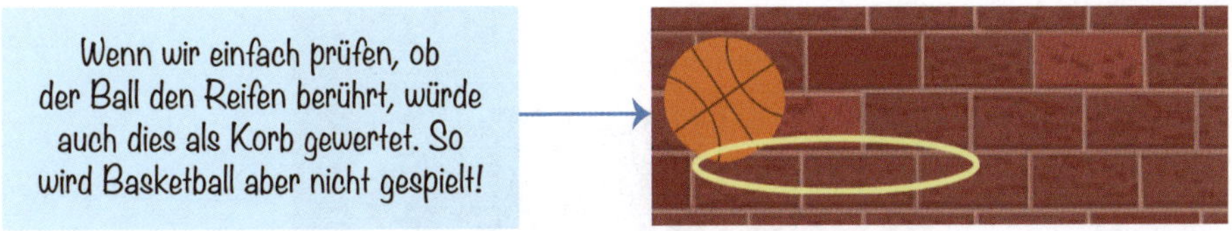

Eine mögliche Lösung besteht darin, eine *Hitbox* zu verwenden. Das ist ein Begriff aus der Spieleentwicklung für einen rechteckigen Bereich, der herangezogen wird, um zu bestimmen, ob zwei Spielobjekte miteinander zusammengestoßen sind. Zeichnen wir also eine Hitbox-Figur! Klicke auf die Schaltfläche **Malen**, die erscheint, sobald du auf den Button **Figur wählen** gehst. Male mit dem Rechteckwerkzeug und der Auswahl für ein gefülltes Rechteck ein kleines schwarzes Quadrat auf das Fadenkreuz. Nenne die Figur *Hitbox*. Sie sieht wie folgt aus:

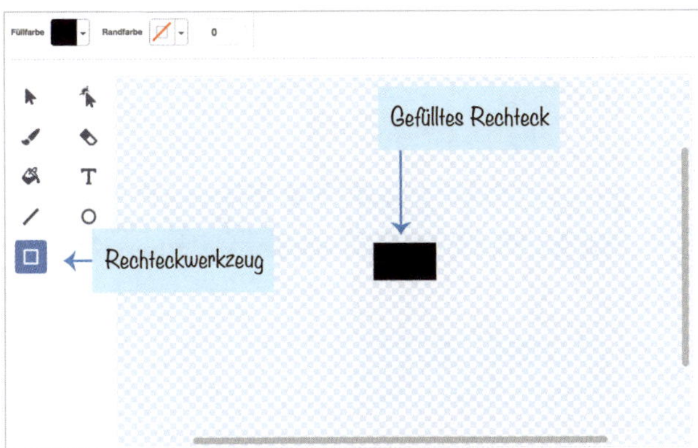

Füge der Figur *Hitbox* den folgenden Code hinzu:

Dadurch folgt die Hitbox dem Reifen, wohin auch immer dieser sich bewegt.

Das Skript, das wir in Schritt 9 schreiben werden, sorgt dafür, dass nur dann ein Treffer gewertet wird, wenn der Ball die Figur *Hitbox* trifft, nicht *Hoop*. Der Ball muss also viel näher an die Mitte des Reifens herankommen, damit ein Korbwurf gewertet wird.

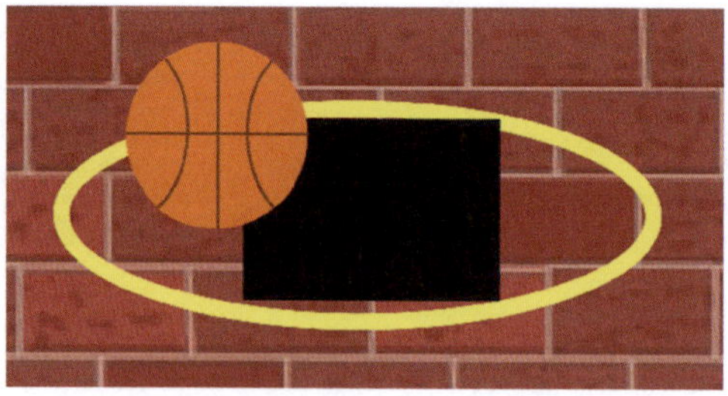

Es würde allerdings ziemlich merkwürdig aussehen, wenn wir das schwarze Viereck in der Mitte des Reifens beließen. Daher wollen wir die Hitbox unsichtbar machen. Füge den Block **setze Effekt Durchsichtigkeit auf**zu der Figur *Hitbox* hinzu und gib als Wert 100 an (in der Palette erscheint dieser Block zunächst als setze Effekt Farbe auf, anstatt »Farbe« kann dann »Durchsichtigkeit« eingestellt werden).

Es gibt einen Unterschied zwischen den Blöcken **verstecke dich** und **setze Durchsichtigkeit-Effekt auf**. Würdest du die Hitbox mit **verstecke dich** unsichtbar machen, dann könnten die *wird ... berührt*-Blöcke, die wir später verwenden, niemals eine Berührung zwischen dem Ball und der Hitbox erkennen und der Spieler könnte keinen Treffer erzielen. Dagegen macht **setze Durchsichtkeit-Effekt auf** die Figur zwar ebenfalls unsichtbar, lässt es aber weiterhin zu, das die *wird ... berührt*-Blöcke ihre Anwesenheit wahrnehmen.

Zeit zu speichern!

Klicke auf die grüne Fahne, um den bisherigen Code zu testen. Vergewissere dich, dass der Reifen über die Bühne wandert und dass sich die Hitbox immer in seiner Mitte befindet. Klicke auf das rote Stoppschild und speichere dein Programm.

D Die Katze Körbe werfen lassen

Als Nächstes fügen wir einen Ball hinzu, den die Katze werfen kann. Ebenso wie die Katze braucht auch der Ball Schwerkraftcode, damit er zu Boden fallen kann.

7. Die Figur für den Ball erstellen

Klicke im Bereich unten rechts auf die Schaltfläche **Figur wählen**, um die Figurenbibliothek zu öffnen. Wähle dort **Basketball** aus.

Anschließend klickst du oberhalb der Blockpalette auf die Registerkarte **Klänge** und dort im Bereich links unten auf **Klang wählen**, um die Klangbibliothek zu öffnen. Wähle den Klang *pop* aus. Öffne dann wieder den Skriptbereich, indem du über der Blockpalette auf **Skripte** klickst.

Als Nächstes erstellst du in der orangefarbenen Gruppe *Variablen* zwei neue Variablen. Klicke auf die Schaltfläche **Neue Variable** und nenne die Variable *y velocity*. Vergewissere dich, dass **Nur für diese Figur** ausgewählt ist, bevor du auf **OK** klickst. Da die Variablen jeweils nur für die vorliegende Figur gelten, handelt es sich bei *y velocity* für die Katze und für den Ball um zwei verschiedene Variablen, auch wenn sie denselben Namen haben.

Klicke erneut auf **Neue Variable**, um eine weitere Variable namens *Player 1 Score* (»Punktestand Spieler 1«) zu erstellen. Diesmal aber wählen wir die Einstellung **Für alle Figuren**. (Wir schreiben *Player 1 Score* groß, da wir die Variable auf der Bühne anzeigen wollen.) Nimm das Häkchen aus dem Kästchen neben *y velocity*, um diese Variable auf der Bühne zu verbergen. Jetzt erscheinen die neuen Variablenblöcke in der Gruppe *Variablen*.

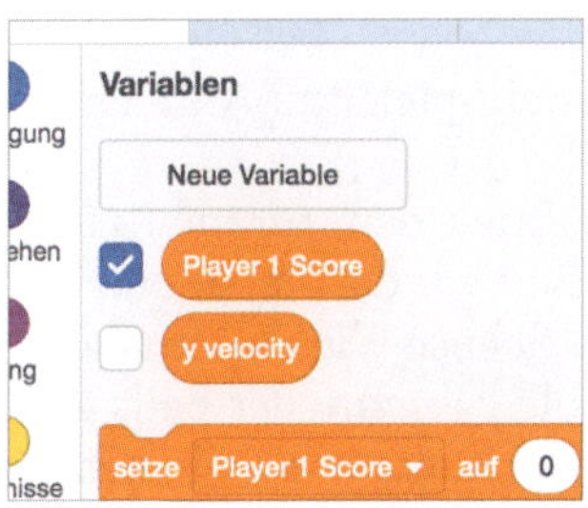

8. Den Code für den Ball hinzufügen

Mit dem Klang *pop* und den beiden Variablen kannst du nun den folgenden Code zur Figur *Basketball* hinzufügen:

Skript ❶ sorgt dafür, dass der Spieler zu Anfang einen Punktestand von 0 hat, und versteckt den Basketball.

Der Code in Skript ❷ ähnelt dem für die Katze. Wenn der Spieler die Leertaste drückt, erscheint der Ball vor der Katze und beginnt sich weiter nach vorn und nach oben zu bewegen. Ebenso wie die Variable *y velocity* der Katze bei einem Sprung wird hier die Variable *y velocity* des Balls auf eine positive Zahl gesetzt, damit es so aussieht, als ob die Katze den Ball nach oben wirft.

Der Block **wiederhole bis y-position < −130** sorgt dafür, dass der Ball fällt, bis er den Boden berührt. Danach wird der Ball wieder versteckt, bis der Spieler erneut die Leertaste drückt.

Zeit zu speichern!

Klicke auf die grüne Fahne, um den bisherigen Code zu testen. Drücke die Leertaste, damit die Katze den Ball wirft. Vergewissere dich, dass der Ball wieder verschwindet, wenn er den Boden berührt. Klicke auf das rote Stoppschild und speichere dein Programm.

9. Einen Treffer erkennen

Als Nächstes fügst du den Code hinzu, um zu prüfen, ob der Ball die Hitbox getroffen hat. Dadurch kannst du erkennen, ob der Spieler einen Korb geworfen hat. Wenn ja, erhöhst du den Wert der Variable *Player 1 Score*. Es gibt jedoch einen Haken an der Sache: Es wird kein Korb gezählt, wenn der Ball den Reifen *von unten* durchdringt.

Denke daran, dass der Block **ändere y um y velocity** den Ball nach oben bewegt, wenn die Variable *y velocity* positiv ist. Ist *y velocity* gleich 0, bewegt sich der Ball gar nicht, und hat die Variable einen negativen Wert, fällt der Ball nach unten.

Daher musst du dem Code für die Figur *Basketball* einen weiteren **falls … dann**-Vergleich hinzufügen. Der Punktestand soll nur dann erhöht werden, wenn der Ball die Hitbox trifft (**wird Hitbox berührt?**) und nach unten fällt (**y velocity < 0**).

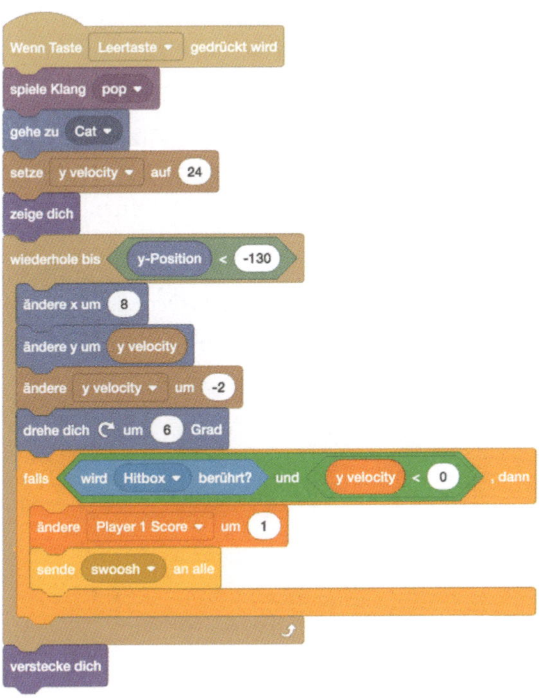

Der **und**-Block kombiniert zwei Bedingungen. Damit Scratch die Codeblöcke innerhalb des **falls … dann**-Blocks ausführt, müssen *beide* Bedingungen erfüllt sein. Es reicht nicht, dass die Figur die Hitbox berührt oder dass *y velocity* kleiner 0 ist. Sowohl **wird Hitbox berührt?** als auch **y velocity < 0** müssen wahr sein. Nur wenn das der Fall ist, wird die Variable *Player 1 Score* um 1 erhöht und die Nachricht *swoosh* gesendet.

Zeit zu speichern!

Klicke auf die grüne Fahne, um den bisherigen Code zu testen. Wirf einige Bälle. Die Variable *Player 1 Score* sollte nur dann erhöht werden, wenn der Ball die Reifenmitte berührt und sich dabei abwärts bewegt. Außerdem sollte dann die Sprachblase »Swoosh!« angezeigt und der Jubelklang abgespielt werden. Klicke auf das rote Stoppschild und speichere dein Programm.

10. Den Fehler bei der Punktwertung beheben

Ist dir aufgefallen, dass *Player 1 Score* bei einem einzigen Korb um mehrere Punkte erhöht wird? Das ist ein *Bug*, also ein Problem, das dafür sorgt, dass sich das Programm auf unerwartete Weise verhält. Um herauszufinden, warum das passiert, müssen wir uns den Code noch einmal genau anschauen.

Die Schleife **wiederhole bis** wird ständig durchlaufen, bis der Ball den Grund berührt. Der gesamte Code darin gilt also für einen einzigen Wurf. Dabei prüft der Block aber mehrmals, ob der Ball die Hitbox berührt und dabei nach unten fällt. *Player 1 Score* sollte aber nur beim ersten Eintreten beider Bedingungen erhöht werden.

Um diesen Bug zu beheben, erstellst du eine neue Variable, die sich merkt, ob der Ball während eines Wurfs bereits einmal den Reifen berührt hat. Dadurch kannst du sicherstellen, dass der Spieler immer nur einen Punkt pro Wurf erzielen kann.

Klicke in der Blockpalette auf die orangefarbene Gruppe *Variablen* und dann auf **Neue Variable**. Nenne die Variable *made basket* (»Korb geworfen«) und wähle **Nur für diese Figur**. Ändere dann den Code für den Ball wie im Folgenden gezeigt.

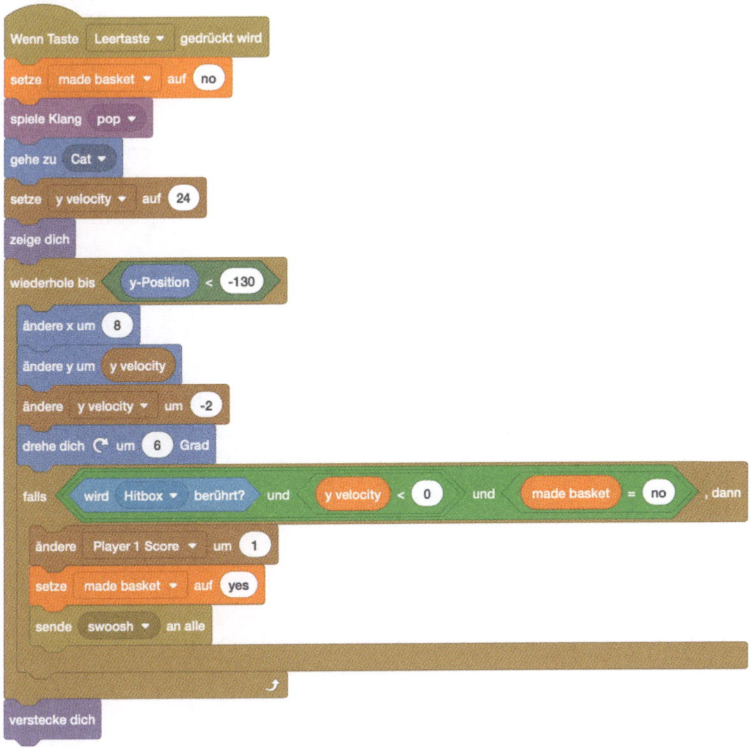

Wenn der Spieler die Leertaste drückt, wird die Variable *made basket* auf *no* gesetzt. Das ist sinnvoll, denn schließlich kann noch gar kein Korb geworfen worden sein, wenn der Spieler gerade erst wirft. Später verwenden wir einen **und**-Block, um eine weitere Bindung hinzuzufügen, die der Code überprüfen muss, um festzustellen, ob ein Korb erzielt wurde. Jetzt wird ein Korb nur dann erkannt und der Code in dem **falls ... dann**-Block nur dann ausgeführt, wenn die folgenden drei Bedingungen alle wahr sind:

1. Die Figur *Basketball* berührt die Figur *Hitbox*.
2. Die Variable *y velocity* ist negativ (der Basketball bewegt sich also abwärts).
3. Die Variable *made basket* hat den Wert *no*.

Wenn der Code zum ersten Mal feststellt, dass ein Korb erzielt wurde, erhöht er *Player 1 Score* um 1 und setzt *made basket* auf *yes*. Bei allen weiteren Prüfungen während dieses Wurfs ist *made basket* nicht mehr gleich *no*, weshalb kein weiterer Korb mehr erkannt wird. Wenn der Spieler wieder die Leertaste drückt, um den Ball erneut zu werfen, wird *made basket* auf *no* zurückgesetzt.

Zeit zu speichern!

Klicke auf die grüne Fahne, um den bisherigen Code zu testen. Wirf einige Bälle und vergewissere dich, dass *Player 1 Score* für jeden Korb immer nur um 1 erhöht wird. Klicke auf das rote Stoppschild und speichere dein Programm.

Das vollständige Programm

Die folgende Abbildung zeigt den fertigen Code. Wenn dein Programm nicht richtig funktioniert, vergleiche deinen Code mit dem in der Abbildung.

Hoop

```
Wenn [Flagge] angeklickt wird
wiederhole fortlaufend
    gleite in (1) Sek. zu x: (Zufallszahl von (-240) bis (240)) y: (Zufallszahl von (-50) bis (180))
end
```

```
Wenn ich [swoosh] empfange
spiele Klang [cheer]
sage (Swoosh!) für (2) Sekunden
```

```
Wenn [Flagge] angeklickt wird
setze [Player 1 Score] auf (0)
verstecke dich
```

```
Wenn Taste [Leertaste] gedrückt wird
setze [made basket] auf (no)
spiele Klang [pop]
gehe zu [Cat]
setze [y velocity] auf (24)
zeige dich
wiederhole bis <(y-Position) < (-130)>
    ändere x um (8)
    ändere y um (y velocity)
    ändere [y velocity] um (-2)
    drehe dich ↻ um (6) Grad
    falls <<<wird [Hitbox] berührt?> und <(y velocity) < (0)>> und <(made basket) = (no)>>, dann
        ändere [Player 1 Score] um (1)
        setze [made basket] auf (yes)
        sende [swoosh] an alle
    end
end
verstecke dich
```

Cheat-Modus: Bewegungsloser Reifen

Der durch die Gegend fliegende Reifen ist ziemlich schwer zu treffen. Daher wollen wir einen Cheat hinzufügen, bei dem der Reifen einige Sekunden lang an Ort und Stelle verharrt, wenn der Spieler die Taste [7] drückt.

Wähle die Figur *Hoop* aus und klicke auf **Neue Variable**. Erstelle die Variable *freeze* (»einfrieren«) mit der Einstellung *Nur für diese Figur* und ändere den Code für *Hoop* wie hier gezeigt.

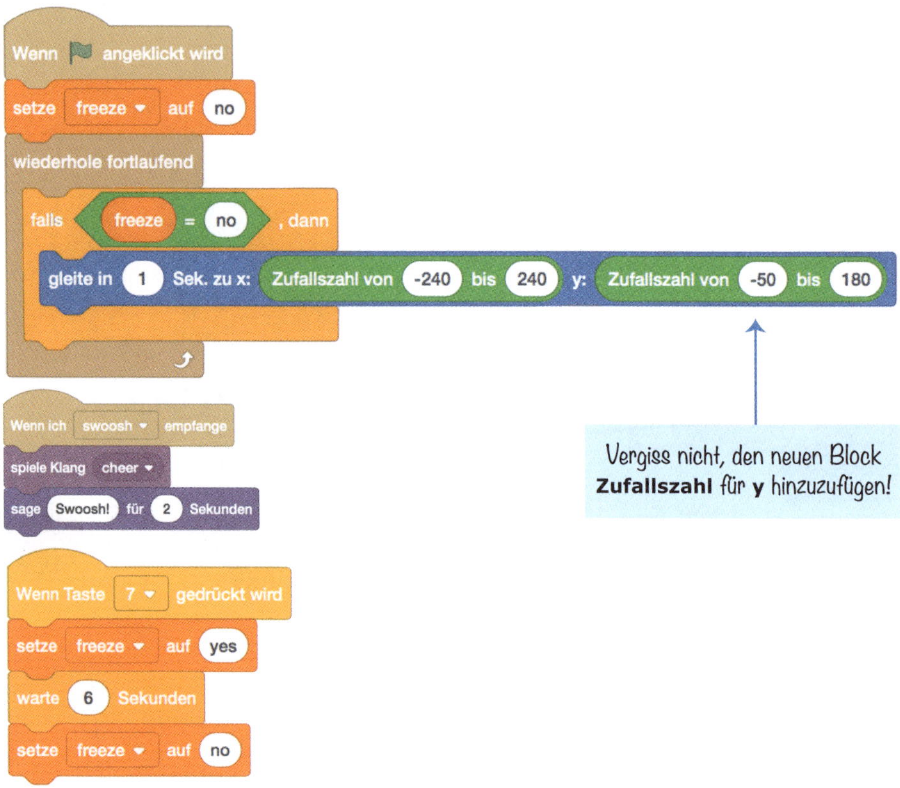

Zeit zu speichern!

Klicke auf die grüne Fahne, um den bisherigen Code zu testen. Drücke die Taste [7] und vergewissere dich, dass der Reifen sechs Sekunden lang stillsteht. Klicke auf das rote Stoppschild und speichere dein Programm.

Zusammenfassung

In dem Projekt in diesem Kapitel hast du Folgendes getan:

- Du hast für Schwerkraft in deinem Spiel gesorgt, sodass die Gegenstände darin wirklichkeitsgetreu fallen können.
- Du hast eine Seitenansicht statt der Draufsicht verwendet.
- Du hast Variablen verwendet, damit sich das Programm den Punktestand und die Fallgeschwindigkeit merken und den Überblick darüber bewahren kann, ob bereits ein Korb geworfen wurde.
- Du hast eine Hitbox verwendet, um zu erkennen, wann ein Korb geworfen wurde.

Der Einsatz der Schwerkraft war in diesem Kapitel sehr einfach. In Kapitel 7 wirst du jedoch ein anspruchsvolles Jump-&-Run-Spiel schreiben, in dem die Figuren auf kompliziertere Weise springen und fallen. Aber bis wir dahin kommen, wirst du noch viele andere Scratch-Programmiertechniken kennenlernen. In Kapitel 5 erstellst du ein weiteres Spiel in Seitenansicht, bei dem du die Figuren aber durch Klonen mehrere Dutzend Male kopierst.

Wiederholungsfragen

Versuche die folgenden Fragen zu beantworten, um zu prüfen, was du gelernt hast. Wahrscheinlich hast du nicht alle Antworten im Kopf, aber du kannst dir jederzeit den Scratch-Editor ansehen, um die Lösung herauszufinden. (Die Antworten stehen online auf *www.dpunkt.de/scratch3*.)

1. Worin unterscheidet sich ein Spiel in Seitenansicht (wie *Basketball*) von einem Spiel in Draufsicht (wie dem Labyrinthspiel)?
2. Was kannst du in einer Variable speichern?
3. Was ist der Unterschied zwischen den Einstellungen *Nur für diese Figur* und *Für alle Figuren*?
4. Wie kannst du dafür sorgen, dass eine Figur springt?
5. Was verhindert, dass die Katze endlos weiter nach oben steigt, wenn sie in dem Basketballspiel springt?
6. Was ist der Unterschied zwischen den Blöcken **gleite zu** und **gehe zu**?
7. Wie sorgst du dafür, dass der Code in einem **falls ... dann**-Block nur dann ausgeführt wird, wenn *zwei* Bedingungen erfüllt sind?

5
Ein Brick-Breaker-Spiel mit Schliff

Hast du schon einmal ein Brick-Breaker-Spiel gesehen? Dabei steuerst du einen Schläger am unteren Bildschirmrand, an dem ein Ball abprallt, der dann Backsteine am oberen Rand zertrümmert. Wenn der Ball an dem Schläger vorbeifällt, hat der Spieler verloren. Ein solches Spiel lässt sich ziemlich einfach programmieren, aber es kann ein bisschen langweilig aussehen. Daher lernst du in diesem Kapitel auch einige Tricks, um es farbenfroh zu gestalten und ihm einige bemerkenswerte Animationen und Effekte hinzuzufügen.

Dabei gehst du *iterativ*, also in kleinen Schritten, vor: Erst schreibst du das grundlegende Spiel, und dann nimmst du kleine Verbesserungen daran vor. Dadurch erhältst du ein sehr professionell aussehendes Spiel, das die Bewunderung der anderen Scratcher auf der Scratch-Website auf sich zieht.

Die folgende Abbildung zeigt, wie das Brick-Breaker-Spiel vor und nach dem Aufhübschen aussieht.

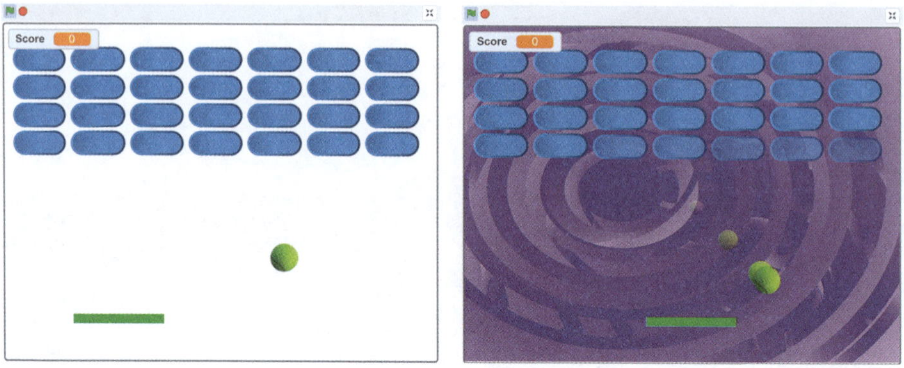

Bevor du mit dem Programmieren beginnst, solltest du dir das fertige Spiel auf *https://www.nostarch.com/scratch3playground/* anschauen.

Das Projekt skizzieren

Als Erstes zeichnen wir auf, wie das Spiel aussehen soll. Diese Skizze für *Brick Breaker* siehst du in der folgenden Abbildung.

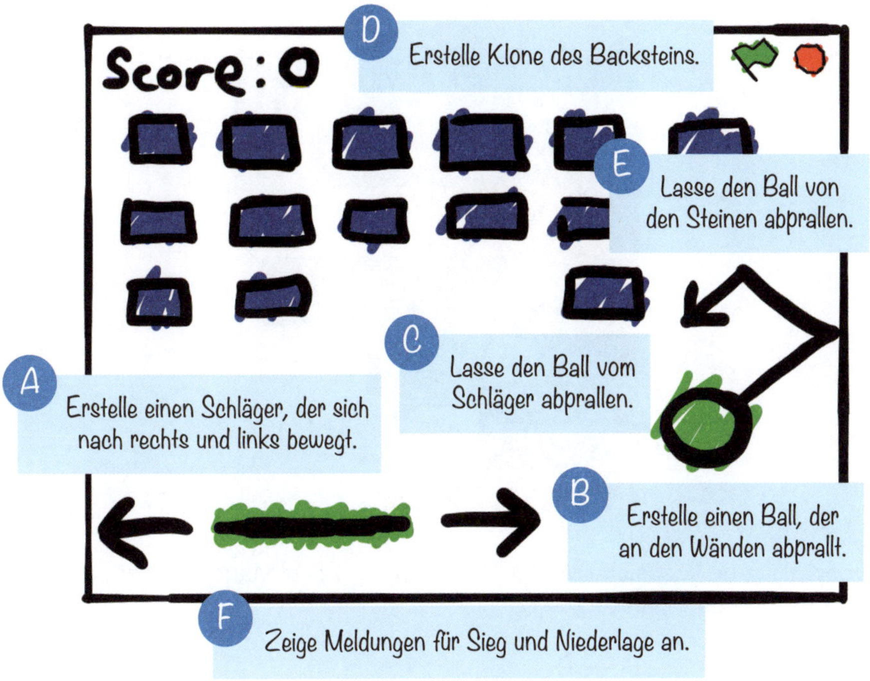

Um Zeit zu sparen, kannst du die Skelettdatei für das Projekt als Ausgangspunkt verwenden. Sie befindet sich als *brickbreaker-skeleton.sb3* in der ZIP-Datei, die du von *https://www.nostarch.com/scratch3playground/* herunterladen kannst, indem du auf den Link *Download Scratch 3 Programming Playground's resources* rechtsklickst und **Ziel speichern als** auswählst. Entpacke anschließend die ZIP-Datei. In der Skelettdatei sind bereits alle Figuren geladen, sodass du nur noch die Codeblöcke zusammenstellen musst.

A Einen Schläger erstellen, der sich nach rechts und links bewegt

Der Spieler steuert den Schläger mit der Maus. Der Ball prallt von dem Schläger ab und fliegt zu den Steinen. Wenn er neben dem Schläger in die Tiefe fällt, hat der Spieler verloren.

1. Die Figur für den Schläger erstellen

Da wir die orangefarbene Katze in diesem Spiel nicht benötigen, musst du in der Figurenliste auf *Figur1* rechtsklicken und **Löschen wählen**. Klicke dann auf die Schaltfläche **Figur wählen** und wähle die grüne Figur *Paddle*.

Füge nun den folgenden Code zur Figur *Paddle* hinzu, damit der Schläger am unteren Rand der Bühne deinen Mausbewegungen folgt:

Der Schläger bewegt sich ständig 10 Schritte auf den Mauszeiger zu, aber seine y-Position ist auf −140 festgesetzt.

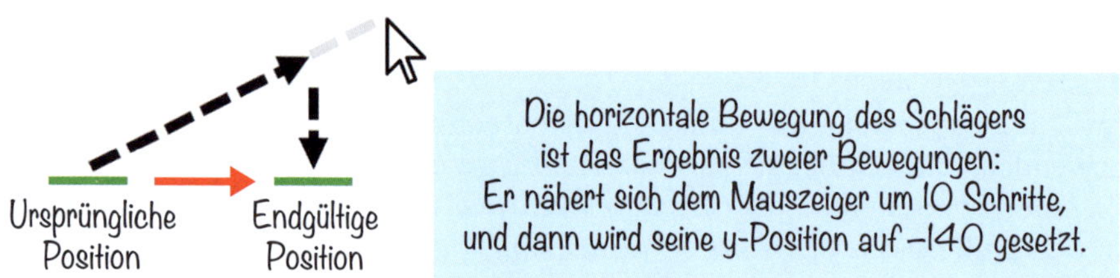

Da die y-Position des Schlägers auf den unteren Bühnenrand gesetzt ist (−140), bewegt er sich nur nach links und rechts.

Drehtypen

Der *Drehtyp* legt fest, wie sich das Aussehen einer Figur ändert, wenn sie die Richtung wechselt. Es gibt drei Drehtypen, nämlich *links-rechts*, *nicht drehen* und *rundherum*.

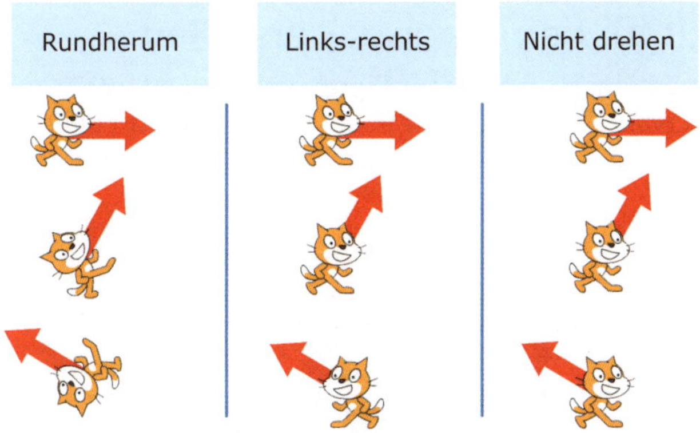

Beim Drehtyp *rundherum* schaut eine Figur immer genau in die Richtung, in die sie sich bewegt. Für ein Spiel in Seitenansicht (wie dem Basketballspiel in Kapitel 4) ist das aber ungeeignet, da die Figur auf dem Kopf stehen würde, wenn sie sich nach links wendet. Daher musst du für solche Spiele den Drehtyp *links-rechts* verwenden. Die Figur schaut dann nur nach rechts (90°) oder nach links (−90°), je nachdem, was ihrer Bewegungsrichtung am nächsten liegt. Soll sich die Figur überhaupt nicht drehen, auch dann nicht, wenn sich ihre Bewegungsrichtung ändert, musst du *nicht drehen* verwenden.

Da wir die Bewegungsrichtung des Schlägers ändern, müssen wir mit dem Block **setze Drehtyp auf** seinen Drehtyp angeben. Die Figur ist so programmiert, dass sie sich immer der Maus zuwendet, aber da sie immer horizontal liegen soll, setzen wir ihren Drehtyp auf *nicht drehen*.

Zeit zu speichern!

Klicke auf die grüne Fahne, um den bisherigen Code zu testen. Bewege die Maus und vergewissere dich, dass der Schläger dem Zeiger folgt, dabei aber immer am unteren Bühnenrand bleibt. Klicke auf das rote Stoppschild und speichere dein Programm.

B Einen Ball erstellen, der an den Wänden abprallt

In der Figurenbibliothek von Scratch findest du viele Ballmotive. Für unser Spiel wählen wir den Tennisball aus.

2. Die Figur für den Tennisball erstellen

Klicke im Figuren-Eingabefenster auf **Figur wählen** und wähle in der Figurenbibliothek *Tennis Ball*. (Das Wort steht in der Bibliothek auf Englisch; auf Deutsch wird es natürlich zusammengeschrieben!) Füge dem Ball folgenden Code hinzu:

Zu Spielbeginn befindet sich der Ball an der Position (0, 0), also in der Mitte der Bühne und zeigt nach unten auf den Schläger. In der Endlosschleife beginnt er sich dann nach unten zu bewegen. Wenn der Ball den Bühnenrand berührt, prallt er davon in eine neue Richtung ab.

Zeit zu speichern!

Klicke auf die grüne Fahne, um den bisherigen Code zu testen. Vergewissere dich, dass der sich Ball bewegt und an den Rändern abprallt. Zurzeit prallt er noch nicht vom Schläger ab, da wir den Code dafür noch nicht hinzugefügt haben. Klicke auf das rote Stoppschild und speichere dein Programm.

C Den Ball vom Schläger abprallen lassen

Der Tennisball prallt zwar von den Bühnenrändern ab, aber nicht vom Schläger. Dafür wollen wir als Nächstes sorgen.

3. Code für Schlägerberührungen zum Tennisball hinzufügen

Füge der Figur für den Tennisball den folgenden Code hinzu, sodass er vom Schläger abprallt. Dazu musst du die neue Nachricht *bounce* (»abprallen«) erstellen.

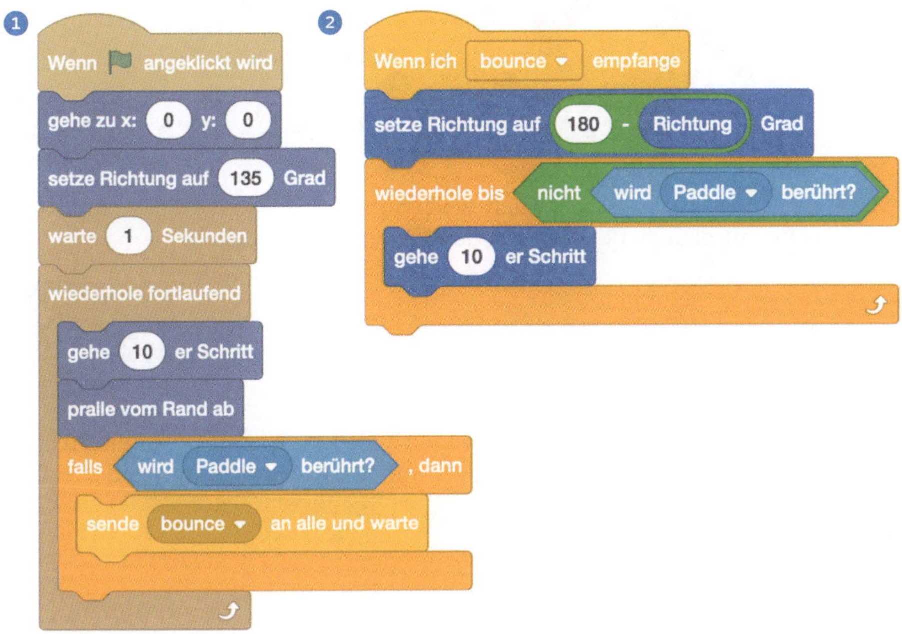

Wenn der Ball den Schläger berührt, wird in Skript ❶ eine Nachricht gesendet, sodass du in Skript ❷ festlegen kannst, was in diesem Fall geschieht.

Der Code **setze Richtung auf 180 – Richtung** in Skript ❷ wirkt zunächst etwas rätselhaft. Er berechnet aber lediglich aufgrund der bisherigen Flugrichtung des Balls, in welche Richtung er sich nach dem Abprallen weiterbewegen soll. Fliegt der Ball aufwärts und nach rechts (45°) und prallt dann an der Unterseite eines Backsteins ab, so fliegt er anschließend nach unten rechts (im Winkel von 135°, da 180 −45 = 135). Wenn er von unten gegen einen Stein trifft, während er nach oben links fliegt (−45°), geht es danach nach unten links weiter (225°, da 180 – (−45) = 225).

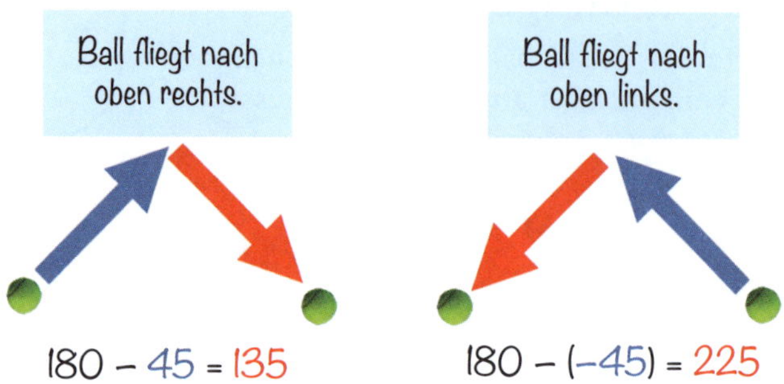

Die Nachricht *bounce* wirst du auch weiter hinten im Programm in dem Code verwenden, mit dem du den Ball von den Steinen abprallen lässt.

Zeit zu speichern!

Klicke auf die grüne Fahne, um den bisherigen Code zu testen. Vergewissere dich, dass der Ball vom Schläger abprallt. Klicke auf das rote Stoppschild und speichere dein Programm.

Klone erstellen

Der Block **erzeuge Klon von mir selbst** legt eine Kopie der Figur an. Das ist praktisch, wenn du viele Exemplare eines Objekts in einem Spiel brauchst, z. B. eine Menge Schurken, die alle gleich aussehen, Münzen, die der Spieler sammeln soll, oder wie hier in *Brick Breaker* Backsteine, die du mit dem Ball treffen musst.

Sehen wir uns daher an, wie das Klonen funktioniert. Öffne Scratch in einem neuen Tab und erstelle darin ein neues Programm, in dem du der Katzenfigur folgenden Code hinzufügst:

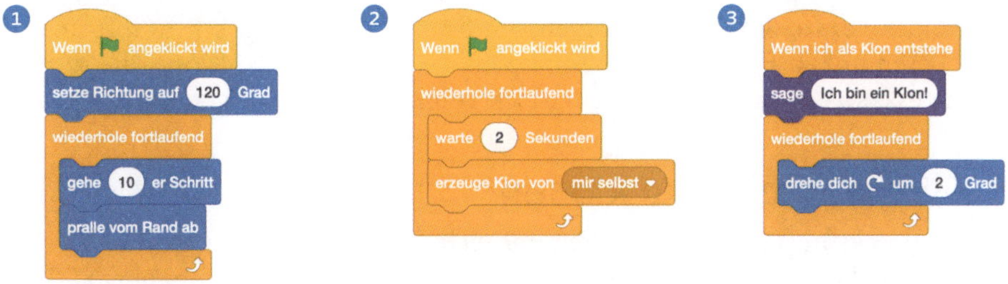

Skript ❶ sorgt dafür, dass die Katze über die Bühne hinwegsegelt und an den Rändern abprallt, ganz so wie der Tennisball in *Brick Breaker*. In Skript ❷ jedoch erstellen wir alle zwei Sekunden einen neuen Klon. Das Verhalten dieser neuen Klone steuern wir in Skript ❸ mit dem Block **Wenn ich als Klon entstehe**. Was geschieht wohl, wenn du diesen Code ausführst? Probiere es aus und sieh nach, ob du mit deiner Vermutung recht hattest!

Die ursprüngliche Katzenfigur hüpft weiterhin auf der Bühne herum, und alle zwei Sekunden wird eine Kopie von ihr erstellt. Das sind die Klone. Aufgrund von Skript ❸ beginnen sich all diese Klone zu drehen.

D Klone des Backsteins erstellen

In unserem Spiel brauchen wir eine Menge Backsteine. Daher erstellen wir eine Backsteinfigur und klonen sie mit dem entsprechenden Scratch-Block.

4. Die Backsteinfigur hinzufügen

Klicke im Bereich rechts unten auf **Figur wählen** und wähle in der Figurenbibliothek *Button 2* aus. Ändere die Bezeichnung der Figur im Eingabefeld über der Figurenliste *Brick* (»Backstein«).

Wir brauchen auch noch eine neue Variable. Klicke in der orangefarbenen Gruppe *Variablen* auf **Neue Variable**, nenne die Variable *Score* (»Punktestand«) und wähle die Einstellung **Für alle Figuren**. Füge der Figur *Brick* dann folgenden Code hinzu:

Zu Beginn des Spiels wird die Variable *Score* auf 0 gesetzt, sodass alle Punkte aus einem früheren Spiel entfernt werden. Die ursprüngliche Backsteinfigur wird mit dem Block **verstecke dich** verborgen, auf 50 % ihrer Größe geschrumpft und in der oberen linken Ecke der Bühne platziert (–200, 140). Die Klone, die wir als Nächstes erstellen, werden mit dem Block **zeige dich** sichtbar gemacht.

5. Die Backsteinfigur klonen

Für das Brick-Breaker-Spiel brauchen wir viele Reihen von Backsteinen. Um eine einzelne Reihe anzulegen, bewegen wir die ursprüngliche Figur am oberen Bildschirmrand entlang und ziehen eine Spur von Klonen hinter ihr her. Füge dazu den folgenden Code zur Figur *Brick* hinzu. (Achte darauf, dass du den Block **setze x auf** nicht mit **ändere x um** verwechselst!).

Dieser Code erstellt Klone von *Brick* für alle Steine, die wir in dem Spiel benötigen:

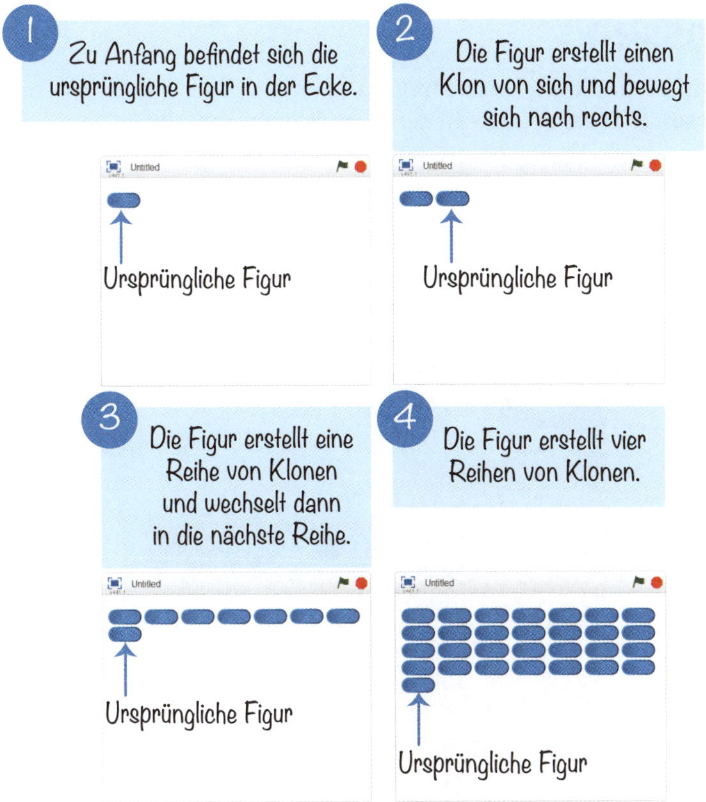

Die ursprüngliche Figur wird in der oberen linken Ecke der Bühne platziert, also an der Position (−200, 140) (❶). Dann bewegt der Block **wiederhole 7 mal** die Figur mehrmals um je 65 Schritte nach rechts und legt dabei jeweils einen Klon an (❷), um eine Reihe von sieben *Brick*-Klonen zu erstellen (❸). Der Block **wiederhole 4 mal** sorgt dafür, dass der Code für die Reihen wiederholt wird, sodass insgesamt vier Reihen von *Brick*-Klonen entstehen (❹). Vier Reihen zu je sieben Exemplaren ergibt insgesamt 28 *Brick*-Klone. Der 29. Stein in der Abbildung ist die ursprüngliche Figur, kein Klon.

Alle Steine auf der Bühne sind Klone. Daher musst du den Code unter **Wenn ich als Klon entstehe** nicht auch noch unter die ursprüngliche Figur kopieren.

Hättest du die Figuren dupliziert, anstatt sie zu klonen, müsstest du jegliche Änderungen am Code an allen 28 *Brick*-Figuren vornehmen! Klonen spart dir eine Menge Zeit.

E Den Ball von den Steinen abprallen lassen

Der Tennisball prallt am Bühnenrand und am Schläger ab. Als Nächstes wollen wir dafür sorgen, dass er auch an den *Brick*-Klonen abprallt.

6. Code für Ballberührungen zur Backsteinfigur hinzufügen

Ergänze den Code für die Figur *Brick* wie folgt:

Wenn der Tennisball eine Backsteinfigur trifft, sendet der Stein die Nachricht *bounce*. Diese Nachricht wiederum empfängt der Code für den Ball, sodass sich dessen Richtung ebenso ändert wie beim Auftreffen auf den Schläger. Außerdem erhöht das Programm den Wert von *Score* um 1 und löscht den getroffenen Klon.

Zeit zu speichern!

Klicke auf die grüne Fahne, um den bisherigen Code zu testen. Vergewissere dich, dass der obere Teil der Bühne mit Backsteinklonen gefüllt wird und dass ein solcher Klon verschwindet, wenn der Tennisball von ihm abprallt. Klicke auf das rote Stoppschild und speichere dein Programm.

F Meldungen für Sieg und Niederlage anzeigen

Für dieses Spiel brauchst du noch zwei weitere Figuren, die aber erst dann erscheinen, wenn es zu Ende ist. Ich habe sie mit dem Textwerkzeug des Zeichenbereichs erstellt. Wenn ein Spieler alle Backsteine zertrümmert, zeigt das Programm die Figur *You win* an (»Du hast gewonnen«). Geht der Ball dagegen neben dem Schläger verloren, erscheint die Figur *Game Over*.

7. Den Code für den Tennisball ändern

Wenn der Tennisball an dem Schläger vorbeiläuft – wenn seine **y-Position** also kleiner als –140 wird –, ist das Spiel zu Ende. Die Figur für den Ball sendet dann die Nachricht *game over*. Füge den folgenden Code zur Figur *Tennis Ball* hinzu. Dazu ist es erforderlich, den Block *sende game over an alle* zu erstellen.

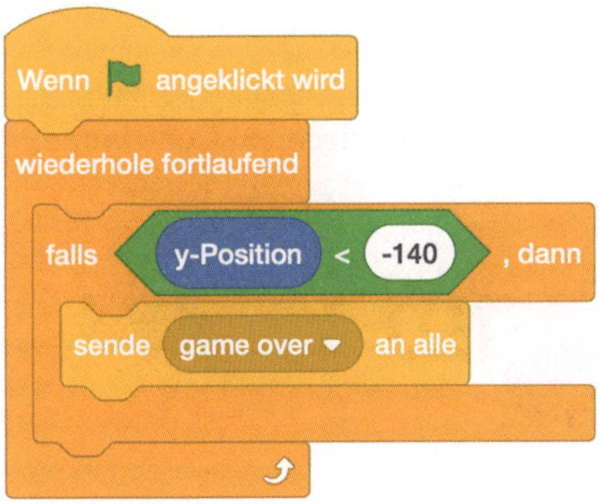

Die Nachricht *game over* weist die Figur *Game Over* an, zu erscheinen. Diese Figur wollen wir als Nächstes erstellen.

8. Die Figur »Game Over« erstellen

Klicke auf die Schaltfläche **Malen**, die erscheint, sobald du auf den Button **Figur wählen** gehst. Schreibe mit dem Textwerkzeug im Zeichenbereich in Rot die Meldung GAME OVER.

Klicke auf die Schaltfläche ⓘ, um den Infobereich zu öffnen und die Figur *Game Over* zu nennen. Füge ihr dann den folgenden Code hinzu:

Dadurch bleibt die Figur verborgen, bis sie die Nachricht *game over* empfängt. Der Block **stoppe alles** sorgt dann dafür, dass alle Blöcke aufhören, sich zu bewegen.

Zeit zu speichern!

Klicke auf die grüne Fahne, um den bisherigen Code zu testen. Lass den Ball neben dem Schläger in die Tiefe fallen und vergewissere dich, dass die Figur *Game Over* angezeigt wird und das Programm anhält. Klicke auf das rote Stoppschild und speichere dein Programm.

9. Die Figur für die Siegesmeldung erstellen

Klicke wieder bei **Figur wählen** auf **Malen**. Schreibe mit dem Textwerkzeug im Zeichenbereich in Grün die Meldung *You win!*

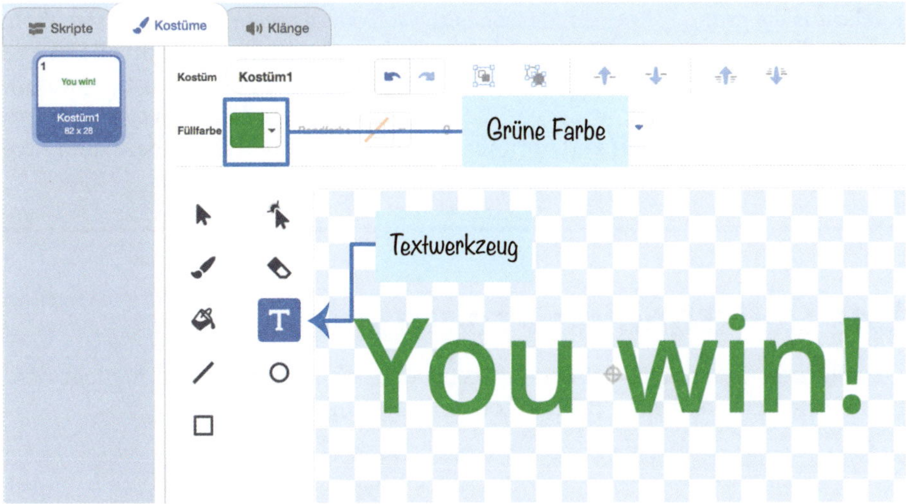

Klicke auf die Schaltfläche ❶, um den Infobereich zu öffnen und die Figur *You Win* zu nennen. Füge ihr dann den folgenden Code hinzu:

Ebenso wie *Game Over* ist auch die Figur *You Win* versteckt, bis eine bestimmte Bedingung eintritt. Da der Spieler hier 28 Steine zertrümmern muss, um zu gewinnen, lautet die Bedingung **Score = 28**. Nachdem *You Win* angezeigt wurde, beendet das Programm mit dem Block **stoppe alles** die Bewegung sämtlicher Figuren.

Zeit zu speichern!

Klicke auf die grüne Fahne, um den bisherigen Code zu testen. Vergewissere dich, dass die Figur *You Win* erscheint und das Programm anhält, wenn du alle Steine zertrümmert hast. Um das Spiel zum Testen schneller gewinnen zu können, ändere **warte bis Score = 28** vorübergehend in **warte bis Score = 1**. Dann musst du nur einen Stein zertrümmern, um zu gewinnen. Speichere dein Programm.

Das vollständige Programm

Die folgende Abbildung zeigt den fertigen Code. Wenn dein Programm nicht richtig funktioniert, vergleiche deinen Code mit dem in der Abbildung.

Version 2.0: Zeit für den letzten Schliff

Das Spiel funktioniert in seinem jetzigen Zustand zwar, aber wir wollen ihm noch etwas Pfiff geben. Viele der Ideen, die wir dafür umsetzen, stammen aus der Präsentation »Juice It or Lose It!« von Martin Jonasson und Petri Purho während der Nordic Game Indie Night. Das Wort »juice« bedeutet zwar eigentlich »Saft«, ist in der Spieleentwicklung aber auch für »Aufhübschen« gebräuchlich, also dafür, kleine Verbesserungen an einem Spiel vorzunehmen, sodass es lebendiger wirkt. (Daher bedeutet der Titel der Präsentation so viel wie: »Mach dein Spiel grafisch ansprechender, oder du hast verloren.«) Mit solchen Tricks kannst du ein nüchternes Spiel in ein viel spannenderes und farbigeres Spiel verwandeln. Ein solches »saftiges« Spiel sieht viel professioneller aus als ein einfaches. In der Präsentation haben die beiden auch ihr eigenes Brick-Breaker-Spiel aufgehübscht. Du kannst sie dir auf *https://www.nostarch.com/scratch3playground/* ansehen (in Englisch).

Du kannst viele Tricks anwenden, um nicht nur dein Brick-Breaker-Spiel ansprechender aussehen zu lassen, sondern auch deine eigenen Spiele. Bevor du mit dem Programmieren beginnst, solltest du dir das fertige Spiel auf *https://www.nostarch.com/scratch3playground/* anschauen.

Einen coolen Hintergrund zeichnen

Eine einfache Möglichkeit, um ein Spiel ansprechender zu gestalten, besteht darin, ihm einen interessanten Hintergrund hinzuzufügen. Über die Schaltfläche **Bühnenbild wählen** im Bereich rechts unten erreichst du die Auswahl *Wähle ein Bühnenbild*. Entscheide dich dort für *Neon Tunnel*. Wieder über **Bühnenbild wählen** wähle die Schaltfläche **Malen**. Wähle dort eine Farbe, die dir gefällt, und verwende das Werkzeug **Fülleimer**, um einige Kacheln der Tunnelwände neu zu färben. So erzeugst du einen ungewöhnlichen und faszinierenden Hintergrund.

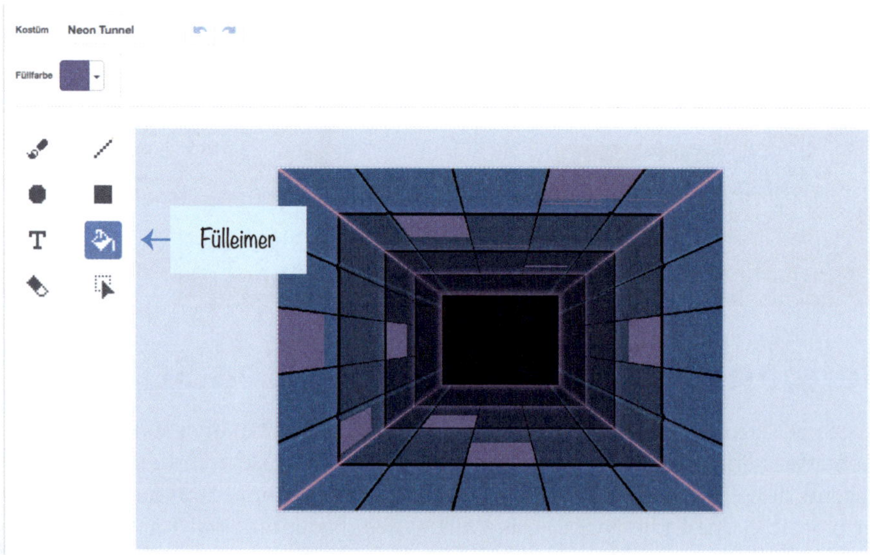

Musik hinzufügen

Musik und Geräusche verleihen einem Spiel Atmosphäre und machen es lebendiger. Klicke auf die Registerkarte **Klänge** oberhalb der Blockpalette, während in der Figurenliste die Bühne ausgewählt ist, und dann unter *Neuer Klang* auf **Klang wählen** (die Schaltfläche, die wie ein Lautsprecher aussieht). Wähle in der Klangbibliothek *dance celebrate* (»Freudentanz«) und klicke auf **OK**.

Wechsle wieder zur Registerkarte **Skripte** und füge dem Skript der Bühne folgenden Code hinzu, um für Hintergrundmusik zu sorgen:

Den Schläger bei Ballberührung blinken lassen

In diesem Schritt sorgen wir dafür, dass der Schläger in verschiedenen Farben blinkt, wenn er vom Ball getroffen wird. Füge dazu den folgenden Code zur Figur *Paddle* hinzu:

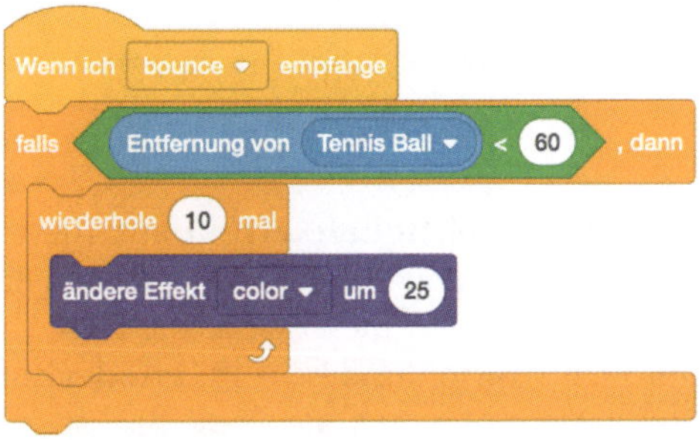

Die Nachricht *bounce* wird gesendet, wenn der Ball von einem *Brick*-Klon oder von dem Schläger abprallt. Der Block **falls Entfernung von Tennis Ball < 60** sorgt dafür, dass der Farbwechsel nur dann eintritt, wenn der Ball den Schläger getroffen hat (da er dann weniger als 60 Schritte entfernt ist).

Zeit zu speichern!

Klicke auf die grüne Fahne, um den bisherigen Code zu testen. Vergewissere dich, dass der Schläger in verschiedenen Farben blinkt, wenn der Ball davon abprallt. Klicke auf das rote Stoppschild und speichere dein Programm.

Das Erscheinen und Verschwinden der Backsteine animieren

Das Erscheinen der Backsteine im Spiel wirkt ziemlich langweilig. Sie werden einfach angezeigt, sobald sie geklont sind. Um ihr Auftreten in dem Spiel zu animieren, änderst du den Code der Figur *Brick* wie folgt:

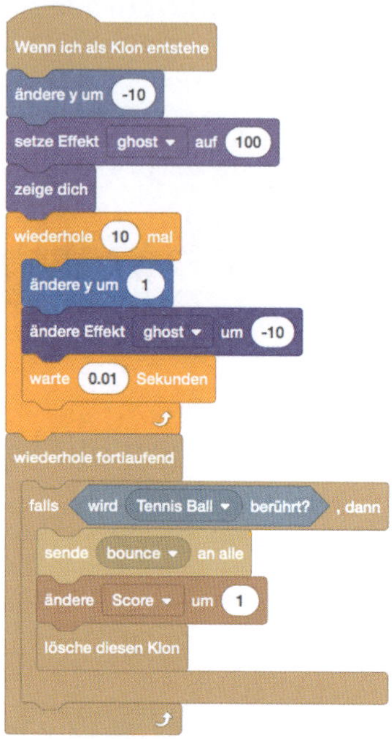

Dadurch, dass wir den **Durchsichtigkeitseffekt** auf 100 setzen und den Wert dann langsam verringern, werden die *Brick*-Klone langsam eingeblendet, anstatt sofort da zu sein. Außerdem platziert dieser Code die Klone zunächst 10 Schritte unterhalb ihrer endgültigen Position und hebt im **wiederhole**-Block ihre y-Position langsam an. Dadurch sieht es so aus, als ob die Backsteine erst an die richtige Stelle gleiten müssen.

Zeit zu speichern!

Klicke auf die grüne Fahne, um den bisherigen Code zu testen. Vergewissere dich, dass die Backsteine langsam eingeblendet werden, anstatt sofort zu erscheinen. Klicke auf das rote Stoppschild und speichere dein Programm.

Als Nächstes animieren wir auch das Verschwinden der Backsteine. Dazu änderst du den Code für die Figur *Brick* wie folgt:

Jetzt verschwinden die getroffenen Steine in einer viel aufsehenerregenderen Weise! Die **ändere ...-Effekt um**-Blöcke innerhalb der Schleife **wiederhole 10 mal** sorgen dafür, dass die Klone in verschiedenen Farben aufleuchten, und erhöhen ihre Durchsichtigkeit, sodass sie immer mehr verblassen. Gleichzeitig sorgt der Block **ändere Größe um −4** dafür, dass der Klon schrumpft, während **ändere y um 4** ihn anhebt und **drehe dich im Uhrzeigersinn um 15 Grad** ihn rotieren lässt. Dieses animierte Ausblenden ist nur kurz, sieht aber lustig aus.

Zeit zu speichern!

Klicke auf die grüne Fahne, um den bisherigen Code zu testen. Zertrümmere einige Steine mit dem Tennisball und vergewissere dich, dass sie sich dabei drehen, nach oben gleiten und langsam ausgeblendet werden, anstatt einfach zu verschwinden. Klicke auf das rote Stoppschild und speichere dein Programm.

Einen Klangeffekt zum Ausblenden der Steine hinzufügen

Nun wollen wir noch verschiedene Klangeffekte abspielen lassen, wenn die Steine verschwinden. Wähle die Figur *Brick* in der Figurenliste aus und klicke dann oberhalb der Blockpalette auf **Klänge**. Klicke unter *Neuer Klang* auf **Klang aus der Klangbibliothek wählen** und wähle den Klang *laser1*. Wiederhole den Vorgang für *laser2*.

Ändere den Code der Figur *Brick* wie folgt:

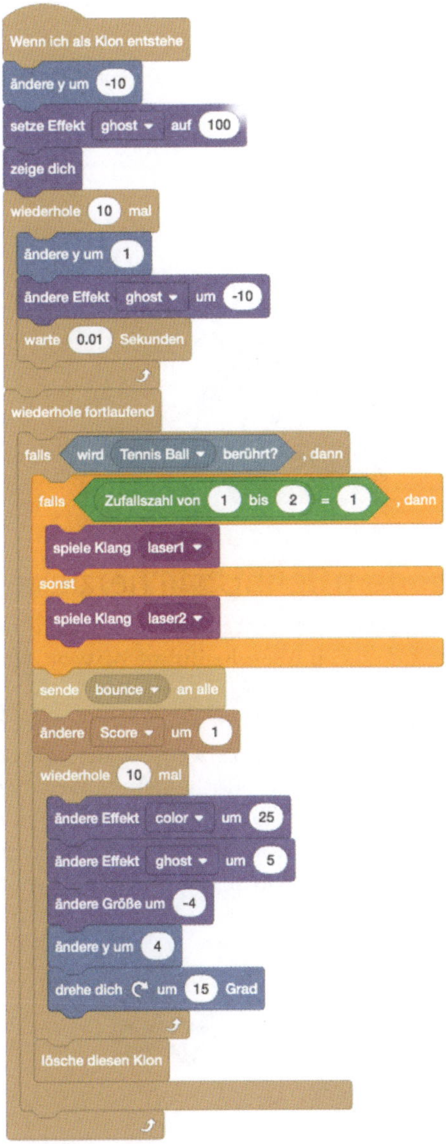

Jetzt wird beim Verschwinden der *Brick*-Klone jeweils einer der beiden Klänge abgespielt. Der Block **falls ... dann ... sonst** gestaltet das Programm abwechslungsreicher, denn jedes Mal, wenn der Ball einen *Brick*-Klon trifft, wählt dieser Block zufällig 1 oder 2 aus und entscheidet dadurch, welcher der Töne wiedergegeben werden soll.

Einen Klangeffekt für den Tennisball hinzufügen

Als Nächstes fügen wir auch einen Klangeffekt dafür hinzu, dass der Ball den Schläger trifft. Da der Klang *pop* schon für alle Figuren geladen ist, musst du nur noch den Code der Figur *Tennis Ball* wie folgt ändern:

Eine Spur hinter dem Tennisball herziehen

Wenn wir dafür sorgen, dass sich hinter dem Tennisball immer eine Spur von Klonen befindet, während er sich über die Bühne bewegt, gibt das einen sehr wirkungsvollen Kometenschweifeffekt. Allerdings darfst du dazu keine Klone der Figur *Tennis Ball* verwenden, da sie dann auch auf die Nachricht *bounce* reagieren würden, wenn der Originalball irgendwo abprallt. Stattdessen klickst du auf **Figur wählen** und entnimmst der Bibliothek einen weiteren Tennisball, um die neue Figur *Tennis Ball2* zu erstellen. Diesen zweiten Ball klonst du dann, um die Spur zu erstellen. Im Gegensatz zu Klonen von *Tennis Ball* verfügen die Klone von *Tennis Ball2* nicht über den Block **Wenn ich bounce empfange**. Füge zur Figur *Tennis Ball2* folgenden Code hinzu:

Die einzige Bewegung, die dieser Klon durchführt, besteht darin, an die Stelle zu gehen, an der sich der Tennisball befindet. Während der Ball weiterfliegt, bleibt der Klon an seinem Platz, wobei er jedoch schrumpft und immer durchsichtiger wird. Am Ende dieser Animation wird er wieder gelöscht.

Außerdem musst du der Figur *Tennis Ball* den folgenden Code hinzufügen:

Dieses Skript sorgt dafür, dass nach einer Wartezeit von jeweils 0,1 Sekunden ein weiterer Klon von *Tennis Ball2* erstellt wird, wodurch sich der »Schweif« ergibt.

Zeit zu speichern!

Klicke auf die grüne Fahne, um den bisherigen Code zu testen. Vergewissere dich, dass der Schweif aus schrumpfenden Klonen von *Tennis Ball2* der ursprünglichen Tennisballfigur folgt. Klicke auf das rote Stoppschild und speichere dein Programm.

Das Erscheinen der Figur »Game Over« animieren

Wenn der Spieler verliert, erscheint die Schrift GAME OVER zurzeit ganz abrupt. Es wäre jedoch schöner, wenn diese Meldung ebenso animiert ins Bild kommen würde wie die *Brick*-Klone. Ändere dazu den Code der Figur *Game Over* wie folgt. Dazu musst du zunächst den Klang *Gong* laden, indem du auf der Registerkarte *Klänge* auf **Klang wählen** klickst. Außerdem erstellst du hier die neue Nachricht *stop game*, die die Figuren *Paddle* und *Tennis Ball* anweist, in ihren Bewegungen innezuhalten.

Zu Anfang des Spiels versteckt sich die Figur *Game Over* und setzt außerdem ihre Durchsichtigkeit auf 100. Wenn am Ende des Spiels der Block **zeige dich** ausgeführt wird, ist der Text daher immer noch unsichtbar. Erst der Animationscode in dem Block **wiederhole 10 mal** sorgt dafür, dass der Text langsam eingeblendet wird, indem er die Durchsichtigkeit jeweils um −10 ändert. Die Blöcke **drehe dich im Uhrzeigersinn um 15 Grad** und **ändere Größe um 12** drehen und vergrößern den Text. Nach einer Pause von vier Sekunden hält der Block **stoppe alles** das Programm an.

Damit die Figuren *Tennis Ball* und *Paddle* die Nachricht *stop game* verarbeiten können, musst du beiden den folgenden Code hinzufügen:

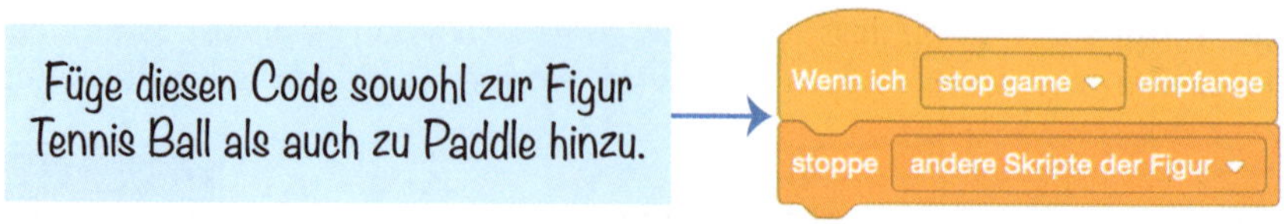

Du musst **stoppe andere Skripte der Figur** verwenden und nicht **stoppe alles**, da das Programm ja noch weiterlaufen muss, um den Text GAME OVER zu animieren. Der Block **stoppe andere Skripte der Figur** verhindert, dass sich der Tennisball und der Schläger weiterhin bewegen, aber die anderen Figuren im Spiel laufen weiter. Erst wenn die Figur *Game Over* ihre Animation beendet hat, sorgt deren Block **stoppe alles** für die Beendigung des Programms.

Zeit zu speichern!

Klicke auf die grüne Fahne, um den bisherigen Code zu testen. Versuche, das Spiel zu verlieren, und vergewissere dich, dass der Text GAME OVER animiert eingeblendet wird, anstatt einfach zu erscheinen. Klicke auf das rote Stoppschild und speichere dein Programm.

Das Erscheinen der Siegesmeldung animieren

Nun wollen wir auch der Figur *You Win* einen peppigen, animierten Auftritt gönnen. Ändere ihren Code wie in der folgenden Abbildung. Dazu musst du wieder den Klangeffekt *Gong* laden, indem du auf der Registerkarte *Klänge* auf **Klang wählen** klickst.

Hier haben wir zwei Folgen von Animationen: eine in dem Block **wiederhole 10 mal** und eine in **wiederhole 2 mal**. Der Code in dem ersten dieser beiden Blöcke blendet die Figur langsam ein, vergrößert sie und lässt sie aufwärts schweben. Nachdem diese kurze Animation abgespielt ist, erhöht der Code in **wiederhole 2 mal** die Helligkeit der Figur auf 50, wartet eine Zehntelsekunde und setzt die Helligkeit dann wieder auf 0 zurück. Dadurch sieht es so aus, als würde die Schrift blinken. Nach einer Pause von vier Sekunden hält der Block **stoppe alles** das Programm an.

Zeit zu speichern!

Klicke auf die grüne Fahne, um den bisherigen Code zu testen. Vergewissere dich, dass der Text *You win!* animiert erscheint, anstatt einfach übergangslos auf dem Bildschirm zu stehen. Um das Spiel zum Testen schneller gewinnen zu können, ändere **warte bis Score = 28** vorübergehend in **warte bis Score = 1**. Dann musst du nur einen Stein zertrümmern, um zu gewinnen. Speichere dein Programm.

Zusammenfassung

In dem Projekt aus diesem Kapitel hast du Folgendes getan:

- Du hast Figuren geklont, um ohne großen Aufwand eine Menge von Backsteinen und eine Spur von Tennisbällen zu erzeugen.
- Du hast die Figur des Schlägers mit der Maus statt mit der Tastatur gesteuert.
- Du hast die Meldungen *Game over* und *You win!* mit dem Textwerkzeug des Zeichenbereichs erstellt und angezeigt.
- Du hast die Figuren auf verschiedene Weisen animiert erscheinen und verschwinden lassen.
- Du hast das Spiel mit Geräuscheffekten und Hintergrundmusik lebendiger gestaltet.

Beim Schreiben des Spiels *Brick Breaker* hast du verschiedene Techniken kennengelernt, die dir auch bei eigenen Spielen weiterhelfen. Animierte Einblendungen, Blinkeffekte und Geräusche kannst du in vielen Programmen unterbringen, sodass sie spannender wirken und mehr Spaß machen. Es ist jedoch am besten, zunächst eine ganz einfache, grundlegende Version des Spiels zu erstellen und dafür zu sorgen, dass sie richtig funktioniert. Danach kannst du dich dann darum kümmern, sie ansprechender zu gestalten.

In diesem Kapitel hast du auch gelernt, wie du Figuren klonst. Diese Technik ist hilfreich, um Duplikate von Figuren zu erstellen, während ein Programm läuft. Je weiter du in diesem Buch vorankommst, umso anspruchsvoller werden die Spiele, die du gestaltest. Aber keine Sorge: Du musst einfach nur den Anleitungen Schritt für Schritt folgen!

Wiederholungsfragen

Versuche die folgenden Fragen zu beantworten, um zu prüfen, was du gelernt hast. Wahrscheinlich hast du nicht alle Antworten im Kopf, aber du kannst dir jederzeit den Scratch-Editor ansehen, um die Lösung herauszufinden. (Die Antworten stehen online auf *www.dpunkt.de/scratch3*.)

1. Wie erkennt das Programm, dass der Tennisball am Schläger vorbeigeflogen ist?
2. Welcher Block erstellt einen Klon von einer Figur?
3. Welcher Block enthält den Code, den die Klone ausführen, wenn sie erstellt worden sind?
4. Welche drei Drehtypen gibt es?
5. Warum müssen sich die Figuren *You Win* und *Game Over* nach dem Anklicken der grünen Fahne verstecken?
6. Was macht der Block **warte bis**?

6
Asteroidenknacker

Asteroids ist ein klassisches Spiel, das 1979 von Atari entwickelt wurde. Seitdem haben viele Programmierer Varianten dieses Spiels erstellt. Es eignet sich auch hervorragend als Programmierprojekt für Scratch. Der Spieler steuert darin ein Raumschiff und muss Asteroiden vernichten, dabei aber den Trümmerstücken ausweichen.

Der Spieler lenkt das Schiff nicht direkt, sondern *stößt* es nur in die gewünschte Richtung, ähnlich wie einen Puck beim Eishockey. Aufgrund seiner Trägheit bewegt sich das Schiff dadurch über die Bühne. Um es zu verlangsamen, muss der Spieler es in die entgegengesetzte Richtung stoßen. Es erfordert Übung, das Schiff auf diese Weise zu steuern, ohne die Kontrolle darüber zu verlieren, aber das macht den Spaß dieses Spiels zur Hälfte aus. Die andere Hälfte des Spaßes besteht darin, die Asteroiden zu sprengen.

Bevor du mit dem Programmieren beginnst, solltest du dir das fertige Spiel auf *https://www.nostarch.com/scratch3playground/* anschauen.

Das Projekt skizzieren

Überlegen wir uns zunächst, wie das fertige Spiel aussehen soll. In unserer Version steuert der Spieler das Raumschiff mit den WASD-Tasten und zielt mit der Maus auf die Asteroiden.

Meine Skizze des Spiels sieht wie folgt aus:

In den einzelnen Abschnitten kümmere dich um Folgendes:

- **A** Erstelle ein Raumschiff, das umhergestoßen wird.
- **B** Sorge für eine umlaufende Bewegung an den Rändern.
- **C** Ziele mit der Maus und schieße mit der Leertaste.
- **D** Erstelle umherschwebende Asteroiden.
- **E** Teile getroffene Asteroiden in zwei Hälften.
- **F** Verfolge den Punktestand und erstelle einen Timer.
- **G** Lasse ein getroffenes Raumschiff explodieren.

Um Zeit zu sparen, kannst du die Skelettdatei für das Projekt als Ausgangspunkt verwenden. Sie befindet sich als *asteroidbreaker-skeleton.sb3* in der ZIP-Datei, die du von *https://www.nostarch.com/scratch3playground/* herunterladen kannst, indem du auf den Link *Download Scratch 3 Programming Playground's resources* rechtsklickst und **Ziel speichern als** auswählst. Entpacke anschließend die ZIP-Datei. In der Skelettdatei sind bereits alle Figuren geladen, sodass du nur noch die Codeblöcke zusammenstellen musst.

A Ein Raumschiff erstellen, das umhergestoßen wird

Bevor wir die spannenden Teile des Spiels programmieren, müssen wir erst den Hintergrund und die Hauptfigur festlegen. Da es sich um ein Weltraumspiel handelt, verwenden wir dafür einen Sternenhimmel und ein Raumschiff.

Starte ein neues Projekt im Scratch-Editor und gib den Namen *Asteroid Breaker* dafür ein. Klicke unten rechts im Bereich *Bühne* auf **Bühnenbild wählen** und entscheide dich für den Hintergrund *Stars*.

Über das Menü *Datei/Neu* im Scratch-Editor beginne ein neues Projekt, und nenne dies Asteroidenknacker. Da wir die Katzenfigur nicht nutzen werden, die Scratch bei einem neuen Projekt anzeigt, klickst du jetzt mit der rechten Maustaste oder drückst lange auf sie und wählst **Löschen**, oder klicke auf das Papierkorbsymbol bei der Figur.

1. Die Figur für das Raumschiff erstellen

Für unser Raumschiff verwenden wir das Bild einer fliegenden Untertasse, das du in der heruntergeladenen ZIP-Datei findest.

Über die Schaltfläche **Figur wählen** gehe auf **Figur hochladen** und wähle *Spaceship.png* aus der ZIP-Datei aus.

Klicke in der orangefarbenen Gruppe *Variablen* auf **Neue Variable** und erstelle die Variable *x velocity* mit der Einstellung *Nur für diese Figur*. Wiederhole diesen Schritt, um auch die Variable *y velocity* anzulegen.

Hinweis

Wird die Einstellung *Nur für diese Figur* nicht angezeigt, hast du versehentlich die Bühne statt der Figur *Spaceship* markiert. Schließe in diesem Fall das Fenster *Neue Variable*, markiere *Spaceship* und klicke erneut auf **Neue Variable**.

Außerdem musst du noch die beiden Variablen *Score* und *player is alive* (»der Spieler lebt«) erstellen. Wähle dafür aber die Einstellung *Für alle Figuren*.

Füge danach den folgenden Code zu *Spaceship* hinzu. Er legt die Anfangsposition des Schiffes, die Ausgangswerte der Variablen und die Steuerungsmöglichkeiten fest.

Vielleicht fragst du dich, warum wir nicht einfach den Code für die Blöcke **ändere x um** und **ändere y um** aus früheren Spielen wiederverwendet haben. In diesem Programm erhöhen wir den Wert der Variablen *x velocity* bzw. *y velocity* oder setzen ihn herunter, wenn eine der WASD-Tasten gedrückt wird. Der Code am unteren Ende des Skripts ändert dann die x- und y-Position der Raumschifffigur um die Werte dieser Variablen. Auch wenn der Spieler die Tasten gedrückt hat, haben die Variablen immer noch den neuen Wert, sodass sich das Schiff weiterbewegt.

Zeit zu speichern!

Klicke auf die grüne Fahne, um den bisherigen Code zu testen. Drücke die WASD-Tasten und beobachte, wie das Schiff dadurch in die verschiedenen Richtungen gestoßen wird. Vergewissere dich, dass jede dieser Tasten das Schiff in die richtige Richtung bewegt. Klicke auf das rote Stoppschild und speichere dein Programm.

B Für eine umlaufende Bewegung an den Rändern sorgen

Beim Testen des Codes ist dir wahrscheinlich aufgefallen, dass das Raumschiff sofort anhält, wenn es gegen den Bühnenrand fliegt. Das ist so, weil Scratch verhindert, dass Figuren die Bühne verlassen. In den meisten Scratch-Programmen ist das eine sinnvolle Einrichtung, aber in *Asteroid Breaker* wollen wir, dass das Schiff, wenn es an einem Rand verschwindet, am gegenüberliegenden Rand wieder auftaucht.

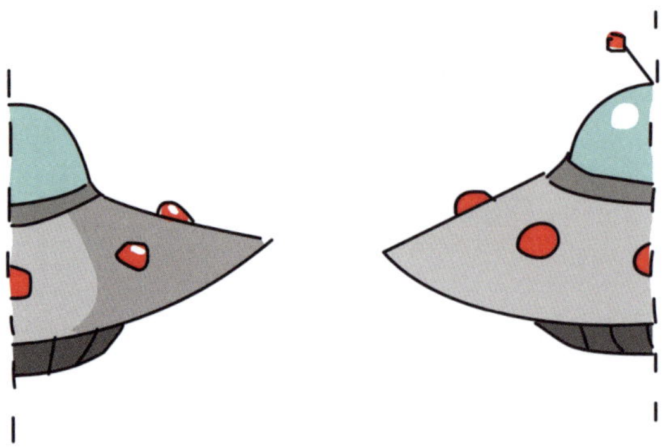

2. Den Code für die umlaufende Bewegung zur Raumschifffigur hinzufügen

Der folgende Code sorgt dafür, dass das Raumschiff an einem Rand verschwinden kann und dann am gegenüberliegenden Rand wieder auftaucht. Füge ihn jetzt zur Figur *Spaceship* hinzu.

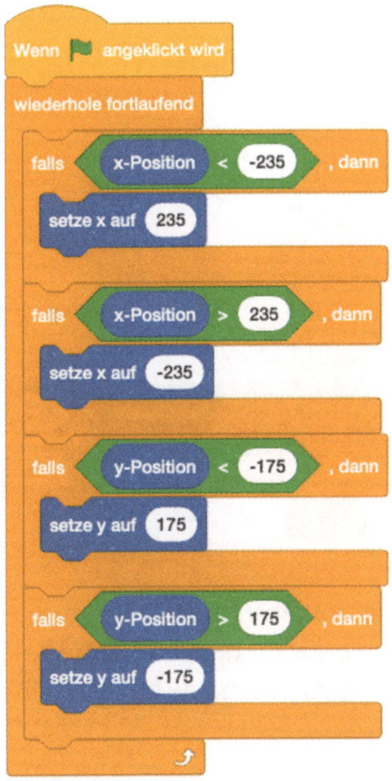

Der linke und der rechte Rand der Bühne befinden sich an den x-Koordinaten −240 bzw. 240, der untere und obere Rand an den y-Koordinaten −180 bzw. 180. Diese Grenzwerte nutzen wir für unseren Code, der dafür sorgt, dass sich die Position der Raumschifffigur ändert, wenn sie über einen dieser vier Werte hinausgeht. Nähert sich die x- oder y-Position des Schiffes diesen Rändern auf 5 Schritte, verschiebt dieser Code die Figur auf die andere Seite der Bühne. Da *x velocity* und *y velocity* das Schiff nach wie vor mit derselben Geschwindigkeit in dieselbe Richtung bewegen, sieht es so aus, als würde es fortlaufend die Bühne umrunden.

Zeit zu speichern!

Klicke auf die grüne Fahne, um den bisherigen Code zu testen. Vergewissere dich, dass das Raumschiff an allen vier Rändern zum gegenüberliegenden Rand versetzt wird. Klicke auf das rote Stoppschild und speichere dein Programm.

3. Code für Zufallsbewegungen zur Raumschifffigur hinzufügen

Die Art der Steuerung in diesem Spiel stellt schon eine Herausforderung dar, aber wir wollen es noch etwas kniffliger machen. Damit der Spieler das Schiff nicht einfach in der Mitte der Bühne halten kann, ohne es zu bewegen, fügen wir noch einige Zufallsbewegungen hinzu, mit denen das Schiff in unvorhersehbare Richtungen gestoßen wird.

Füge den folgenden Code zu *Spaceship* hinzu, damit diese Zufallsbewegungen jede Sekunde auftreten:

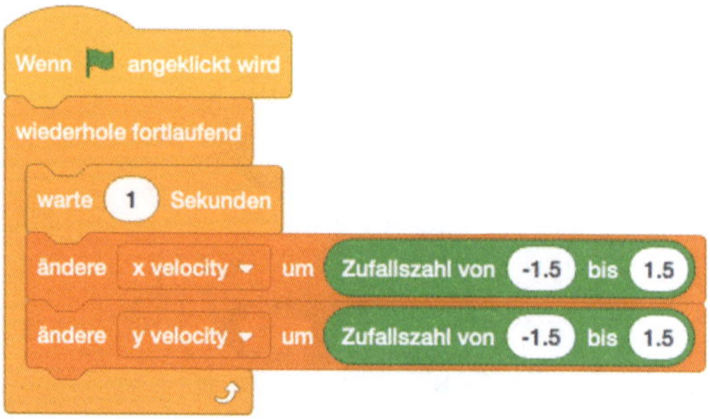

In der Schleife **wiederhole fortlaufend** werden die Variablen *x velocity* und *y velocity* jede Sekunde um einen kleinen, zufälligen Wert geändert. Dadurch erhält das Schiff regelmäßig einen Stoß in eine zufällige Richtung.

Zeit zu speichern!

Klicke auf die grüne Fahne, um den bisherigen Code zu testen. Drücke keine der WASD-Tasten, sondern warte, bis sich das Schiff von selbst zu bewegen beginnt. Klicke auf das rote Stoppschild und speichere dein Programm.

C Mit der Maus zielen und mit der Leertaste schießen

Der Code zur Steuerung unseres Raumschiffes ist damit vollständig. Als Nächstes wenden wir uns den Energiegeschossen zu, um die gefährlichen Asteroiden zu sprengen.

4. Die Figur für die Energiegeschosse erstellen

Die Figurenbibliothek von Scratch enthält ein Motiv, das wir für unsere Energiegeschosse verwenden können. Klicke auf die Schaltfläche **Figur wählen** und entscheide dich mit einem weiteren Klick in der Bibliothek für die Figur *Ball*. Im Bereich Figur nenne die Figur in *Energy Blast* um (»Energieschuss«).

Wenn ein Raumschiff ein Energiegeschoss abfeuert, soll ein Geräusch erklingen. Klicke oberhalb der Blockpalette auf die Registerkarte **Klänge**, dann links unten auf die Schaltfläche **Klang wählen** und in der Bibliothek auf *Laser1*.

Es gibt nur eine Figur namens *Energy Blast*, doch der Spieler kann mehrere Geschosse auf einmal abfeuern. Um das zu ermöglichen, erstellen wir Klone von der Figur, sodass auf der Bühne mehrere Energiegeschosse angezeigt werden können. Die ursprüngliche Figur bleibt verborgen. Alle Figuren, die auf der Bühne erscheinen, sind in Wirklichkeit Klone.

Die ursprüngliche Figur und die Klone führen unterschiedlichen Code aus. Um sie voneinander zu unterscheiden, verwenden wir die Variable *I am a clone* (»ich bin ein Klon«). Klicke auf die Registerkarte **Skripte**, um wieder den Skriptbereich aufzurufen, und klicke in der orangefarbenen Gruppe *Variablen* auf **Neue Variable**. Erstelle die neue Variable *I am a clone* mit der Einstellung *Nur für diese Figur*. Die ursprüngliche Figur *Energy Blast* setzt diese Variable auf *no*, die Klone setzen sie auf *yes*. Füge dazu zunächst den folgenden Code zu *Energy Blast* hinzu:

Bei Spielbeginn versteckt sich die ursprüngliche Figur und bleibt verborgen. Nur ihre Klone erscheinen auf der Bühne. Außerdem ist die Figur für das Spiel zu groß, weshalb wir ihre Größe auf 10 % setzen.

Füge nun das folgende Skript zur Figur *Energy Blast* hinzu. Um ein Energiegeschoss abzufeuern, drückt der Spieler die Leertaste. Die ursprüngliche Figur erstellt nun Klone, die sich zeigen und in Richtung Mauszeiger bewegen. Dadurch kann der Spieler mithilfe der Maus zielen.

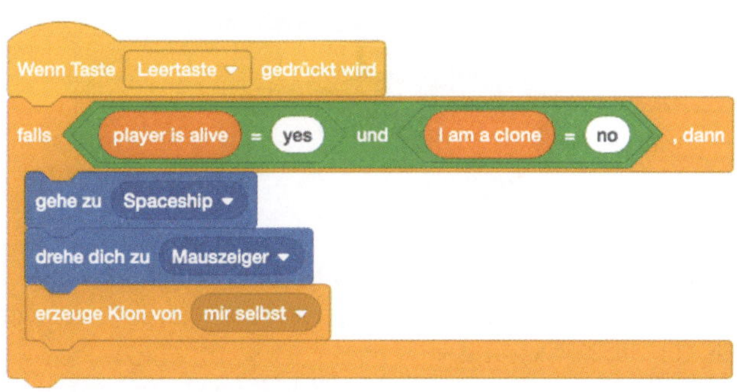

Der Code unter **Wenn Taste Leertaste gedrückt** würde normalerweise sowohl für die Originalfigur als auch für die Klone ausgeführt, doch wir wollen nicht, dass die Klone selbst Klone von sich erzeugen. Daher müssen wir dafür sorgen, dass der Code nur für die Originalfigur ausgeführt wird. Der Block **falls**

... dann prüft, ob die Variable *I am a clone* auf *no* gesetzt ist. Dadurch ist sichergestellt, dass nur die Originalfigur *Energy Blast* diesen Code ausführt und Klone von sich erstellt.

Natürlich darf das Raumschiff nur dann Energiegeschosse abfeuern, wenn der Spieler noch am Leben ist. Daher prüft der Code auch, ob die Variable *player is alive* den Wert *yes* hat.

Füge als Nächstes den folgenden Code zu *Energy Blast* hinzu, damit die Klone nach ihrer Entstehung Richtung Mauszeiger fliegen.

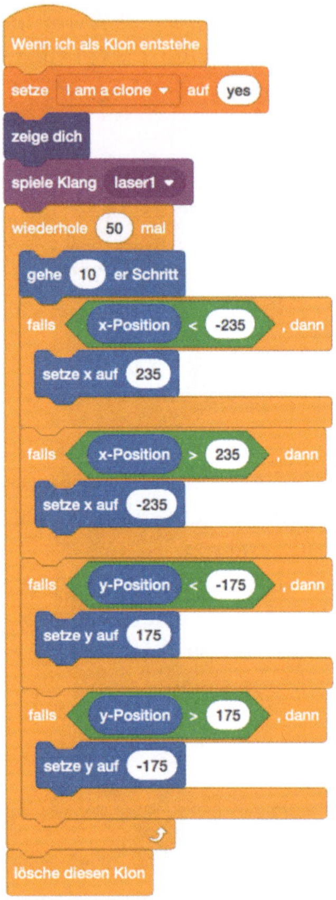

Wenn der Klon entsteht, zeigt er sich und bewegt sich vorwärts. Da er ebenso wie das Raumschiff die Bühne an den Rändern umlaufen soll, verwenden wir hier ähnlichen Code für die Bewegung.

Beachte, dass die Klone ihre eigene Variable *I am a clone* auf *yes* setzen, damit sie nicht ebenfalls den Code aus dem Skript **Wenn Taste Leertaste gedrückt** ausführen. Der **falls ... dann**-Block in diesem Skript wird nur ausgeführt, wenn *I am a clone* den Wert *no* hat.

Die Klone bewegen sich 50-mal um je 10 Schritte weiter. Dadurch haben die Energiegeschosse nur eine begrenzte Reichweite, anstatt endlos weiterzufliegen. Nachdem die Schleife 50-mal durchgelaufen ist, löschen die Klone sich und verschwinden von der Bühne.

Zeit zu speichern!

Klicke auf die grüne Fahne, um den bisherigen Code zu testen. Ziele mit der Maus und drücke die Leertaste, um zu schießen. Vergewissere dich, dass die Energiegeschosse vom Raumschiff ausgehen und sich in Richtung Mauszeiger bewegen. Wenn die Klone den Rand erreichen, sollten sie am gegenüberliegenden Rand wieder auftauchen. Nach einer gewissen Zeit sollten sie von allein verschwinden. Klicke auf das rote Stoppschild und speichere dein Programm.

D Umherschwebende Asteroiden erstellen

Jetzt brauchen wir noch Ziele, auf die der Spieler schießen kann. Die Asteroiden in diesem Spiel schweben umher, bis sie von einem Klon von *Energy Blast* getroffen werden. Sie brechen wiederholt in je zwei kleinere Asteroiden auseinander, bis die Trümmerstücke so klein sind, dass sie bei der Explosion verdampfen.

5. Die Asteroidenfigur erstellen

Um die Asteroidenfigur zu erstellen, gehe auf die Schaltfläche **Figur wählen**, klicke auf **Figur hochladen** und wähle die Datei *asteroid.png* aus, die sich in der ZIP-Datei befindet. Klicke anschließend in der orangefarbenen Gruppe *Variablen* auf **Neue Variable** und lege die Variable *hits* (»Treffer«) mit der Einstellung *Nur für diese Figur* an. Wiederhole diesen Schritt, um auch die Variablen *x velocity*, *y velocity* und *rotation* mit der gleichen Einstellung zu erstellen. In Schritt 6 wirst du *hits* einsetzen, um den Überblick darüber zu behalten, wie oft ein Asteroid getroffen wurde und wie groß er ist.

Als Nächstes schreiben wir Code, der Klone der Figur *Asteroid* erstellt und auf der Bühne erscheinen lässt. Jeder dieser Klone bekommt eine zufällige Geschwindigkeit und Drehung. Dadurch entsteht ein Asteroidenschwarm mit unvorhersehbaren Eigenschaften.

Füge der Figur *Asteroid* die folgenden Skripte hinzu.

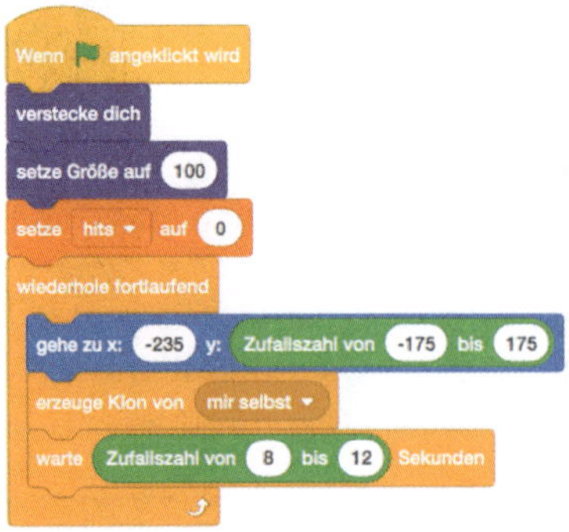

Ebenso wie *Energy Blast* versteckt sich auch die Originalfigur *Asteroid* und erzeugt Klone von sich. Neue Klone entstehen alle acht bis zwölf Sekunden. Wenn ein Klon erzeugt wird, zeigt er sich, bekommt eine zufällige Geschwindigkeit und Drehung zugewiesen und beginnt sich zu bewegen.

Wenn Asteroiden einen Rand der Bühne erreichen, sollen sie ebenso wie das Raumschiff und die Energiegeschosse am gegenüberliegenden Rand wieder auftauchen. Um das zu erreichen, fügst du den folgenden Code zur Figur *Asteroid* hinzu:

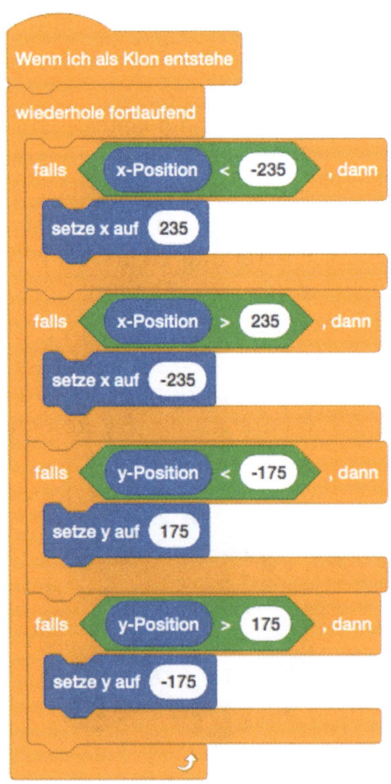

Zeit zu speichern!

Klicke auf die grüne Fahne, um den bisherigen Code zu testen. Prüfe, ob sich die Asteroidenfigur langsam bewegt und dreht und ob sie am gegenüberliegenden Rand auftaucht, wenn sie hinter einem Rand verschwindet. Vergewissere dich auch, dass alle acht bis zwölf Sekunden neue Asteroidenklone erscheinen. Klicke auf das rote Stoppschild und speichere dein Programm.

E Getroffene Asteroiden in zwei Hälften teilen

Wenn ein Asteroid von einem Energiegeschoss getroffen wird, erstellt er zwei kleinere Klone von sich selbst, sodass es so aussieht, als sei er in zwei Hälften auseinandergebrochen.

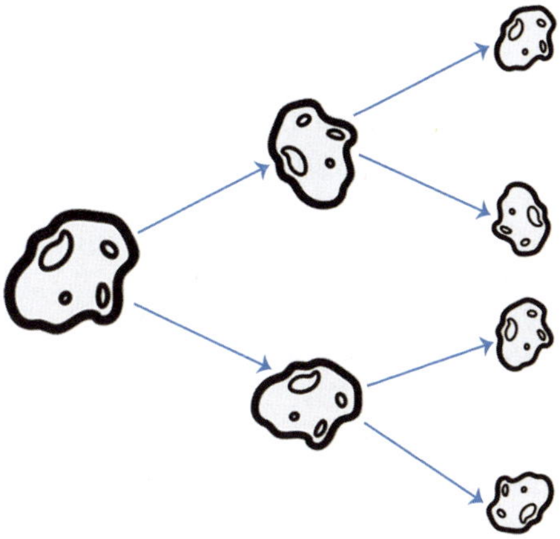

6. Code zum Zerteilen der Asteroiden hinzufügen

Klicke auf der Registerkarte *Klänge* auf **Klang wählen** und klicke auf *Chomp*. Dieser Klang soll abgespielt werden, wenn ein Geschoss einen Asteroiden trifft.

Füge das folgende Skript zur Figur *Asteroid* hinzu. Dazu musst du die neue Nachricht *asteroid blasted* (»Asteroid gesprengt«) erstellen.

Wenn ein Klon von *Energy Blast* auf einen Klon von *Asteroid* trifft, spielt Letzterer den Klang *chomp* ab und sendet die Nachricht *asteroid blasted*.

Danach erhöht der Asteroid die Variable *Score* um 2 und die Variable *hits* um 1. Außerdem ändert die getroffene Asteroidenfigur ihre Größe um −25, schrumpft also ein bisschen, sodass ihre beiden »Kindklone« kleiner sind. Schließlich löscht sich der getroffene *Asteroid*-Klon selbst.

Der Wert der *hits*-Variablen für die beiden kleineren Kindklone ist um 1 höher als der Wert, den der Elternklon zu Anfang hatte. Wird ein Asteroidenklon getroffen, der schon zur dritten Generation einer Abfolge von immer kleineren Trümmern gehört, wird seine *hits*-Variable auf den Wert 4 gesetzt. In diesem Fall löscht sich der Klon selbst, anstatt zwei neue Klone zu erstellen. (Der Code hinter dem Block **lösche diesen Klon** wird nicht ausgeführt, da es den Klon gar nicht mehr gibt.) Dadurch wird verhindert, dass eine Asteroidenfigur nicht nur in zwei, dann vier und dann acht Trümmer zerfällt, sondern immer weiter zu 16, 32 und exponentiell mehr Klonen.

Wenn du allerdings möchtest, dass die Anzahl der Trümmer exponentiell zunimmt, erhöhe die Zahl im Block **falls hits = 4 dann**.

7. Den Code für die Nachricht »asteroid blasted« hinzufügen

Wähle *Energy Blast* in der Figurenliste aus und füge folgendes Skript hinzu:

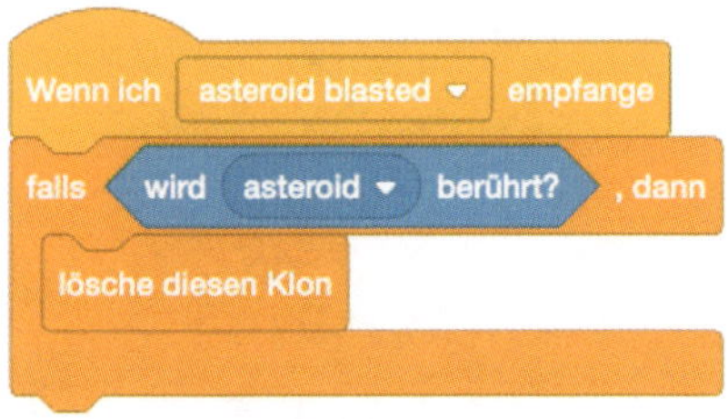

Alle Klone von *Energy Blast* empfangen die Nachricht *asteroid blasted*. Aber nur diejenigen, die gerade einen Asteroidenklon berühren, werden gelöscht. (Es gibt mit Sicherheit einen Klon, der einen Asteroiden berührt, da das schließlich der Grund für das Senden dieser Nachricht ist!) Dadurch verschwindet das Energiegeschoss, wenn es einen Asteroiden getroffen hat.

Zeit zu speichern!

Klicke auf die grüne Fahne, um den bisherigen Code zu testen. Versuche, einige der Asteroiden abzuschießen. Vergewissere dich, dass das Geschoss verschwindet und der Asteroid durch zwei kleinere ersetzt wird. Wird ein Trümmerstück der dritten Generation getroffen, soll es einfach verschwinden. Klicke auf das rote Stoppschild und speichere dein Programm.

F Den Punktestand verfolgen und einen Timer erstellen

Wenn viele kleine Asteroiden die Bühne unsicher machen, wird das Spiel *Asteroid Breaker* ziemlich knifflig. Eine gute Strategie besteht darin, langsam und vorsichtig vorzugehen und zuerst die kleinen Trümmer zu beseitigen, bevor man wieder auf die großen schießt. Damit das nicht zu gemütlich wird, wollen wir den Spieler ein wenig unter Druck setzen, indem wir die Variable *Score* in jeder Sekunde um 1 verringern und das Spiel bei einem Punktestand von 0 beenden. Dadurch muss der Spieler beim Abschießen der Asteroiden ein höheres Tempo vorlegen.

8. Die Figur »Out of time« erstellen

Gehe über die Schaltfläche **Figur wählen** auf den aufklappenden Button **Malen**. Schreibe mithilfe des Textwerkzeugs OUT OF TIME (»Zeit abgelaufen«) in roten Großbuchstaben.

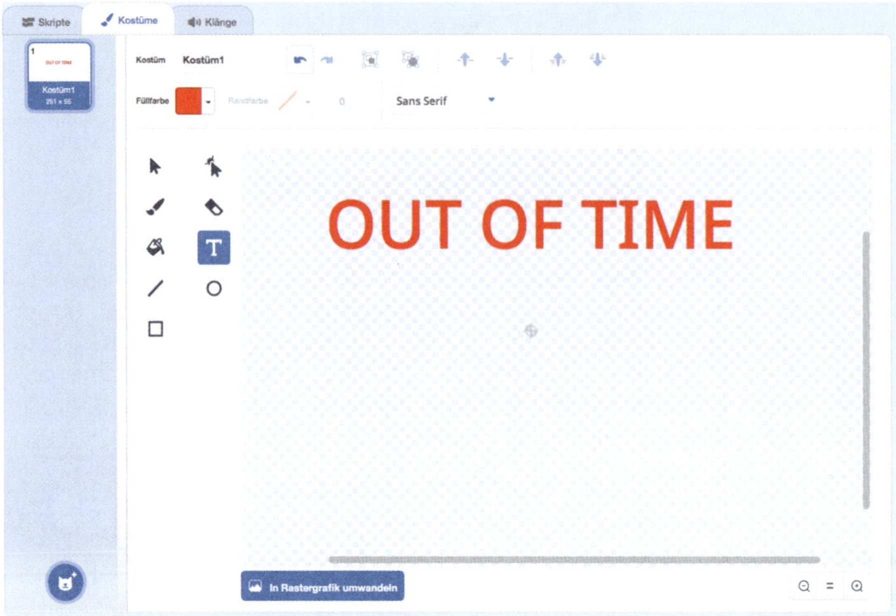

Zurück in der Registerkarte *Skripte* gehe auf das Eingabefeld im Bereich *Figur* und benenne die Figur in *Out of time* um.

Füge der Figur nun folgendes Skript hinzu:

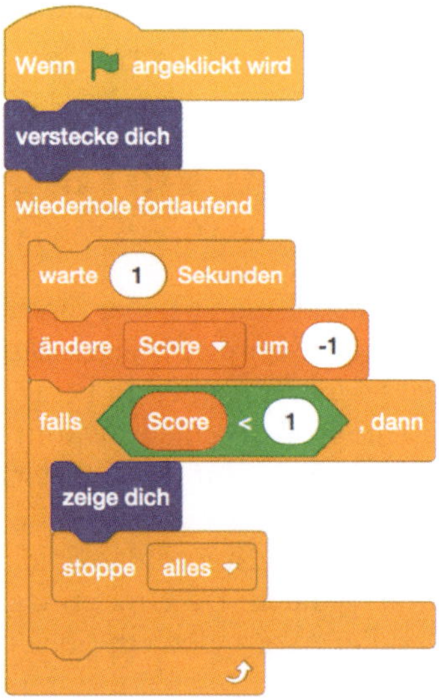

Dieser Code versteckt die Figur *Out of time* zu Beginn des Spiels und verringert den Wert der Variable *Score* immer wieder nach einer Sekunde Pause um 1. Wenn die Variable den Wert 0 erreicht, zeigt der Code die Figur *Out of time* an.

Zeit zu speichern!

Klicke auf die grüne Fahne, um den bisherigen Code zu testen. Vergewissere dich, dass der Wert von *Score* jede Sekunde um 1 verringert wird, und dass dann die Figur *Out of time* erscheint, wenn die Variable den Wert 0 hat. Klicke auf das rote Stoppschild und speichere dein Programm.

G Ein getroffenes Raumschiff explodieren lassen

Der Spieler verliert, wenn er die Asteroiden nicht schnell genug abschießt, um zu verhindern, dass sein Punktestand auf 0 fällt. Allerdings kann er auch dann verlieren, wenn ein Asteroid sein Raumschiff trifft. In diesem Abschnitt fügen wir Code hinzu, der eine solche Kollision erkennt und dann eine Explosionsanimation abspielt.

9. Die Figur für die Explosion hochladen

Die Explosionsanimation besteht aus acht Einzelbildern. Diese Kostüme befinden sich in der Datei *Explosion.sprite2* der ZIP-Datei.

Klicke im Scratch-Editor über die Schaltfläche **Figur wählen** auf den aufklappenden Button **Figur hochladen** und wähle *Explosion.sprite2* aus. Die acht Kostüme für die Explosionsanimation erscheinen auf der Registerkarte *Kostüme* der Figur.

10. Den Code für die Explosion erstellen

Für die Figur *Explosion* musst du die neue Nachricht *explode* erstellen. Wenn die Figur diese Nachricht empfängt, erscheint sie und durchläuft ihre Kostüme, um die Animation anzuzeigen.

Außerdem spielt die Figur einen Klang ab, während die Explosion stattfindet. Um diesen Klang zu laden, wechselt du oberhalb der Blockpalette zur Registerkarte **Klänge**. Klicke dann auf die Schaltfläche mit dem Lautsprechersymbol **Klang wählen** und entscheide dich im aufklappenden Fenster für *Alien Creak2*.

Füge der Figur *Explosion* den folgenden Code hinzu:

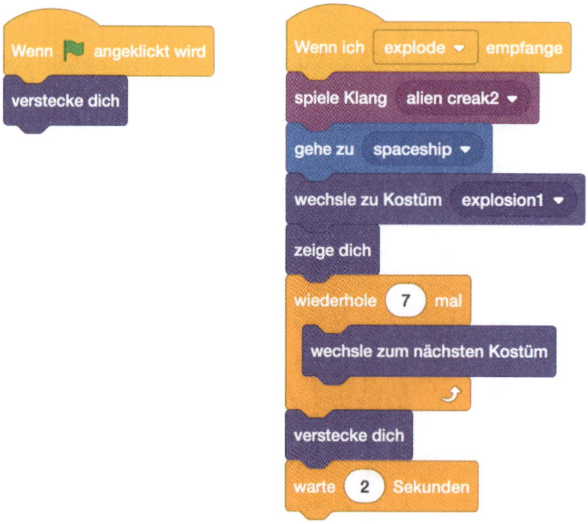

Die Figur *Explosion* versteckt sich, bis sie die Nachricht *explode* erhält. Dann spielt sie den Klang ab, geht zu der Stelle, an der sich das Raumschiff befindet, und wechselt siebenmal das Kostüm, um die atemberaubende Animation der Explosion abzuspielen.

Dabei wird jedes der Kostüme kurz angezeigt, bevor zum nächsten gewechselt wird. Das funktioniert genauso wie bei Zeichentrickfilmen oder Daumenkinos. Jedes Kostüm stellt ein Einzelbild dar, und der Code zeigt diese Bilder rasch nacheinander an, um eine realistische Explosion darzustellen.

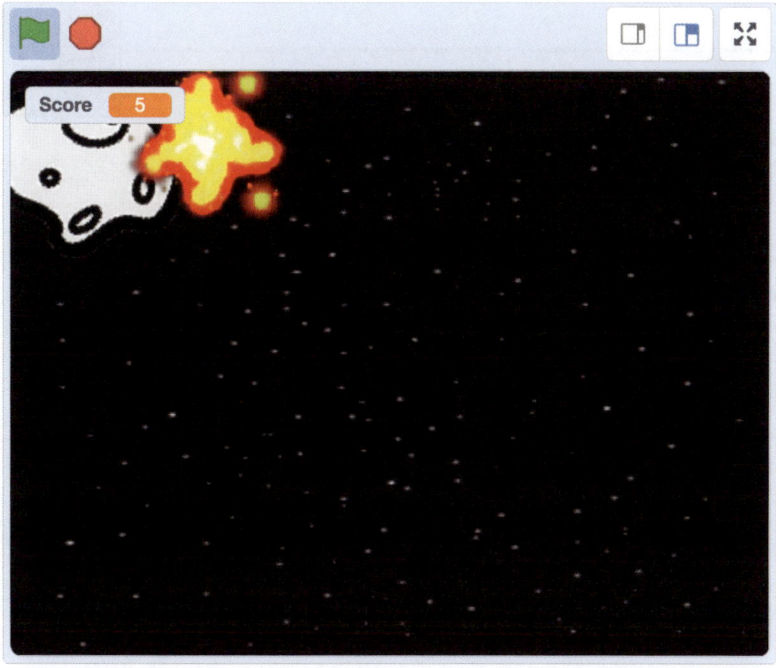

11. Den Explosionscode zur Raumschifffigur hinzufügen

Wenn die Raumschifffigur einen der Asteroidenklone berührt, sendet sie die Nachricht *message*. Füge der Figur *Spaceship* den folgenden Code hinzu:

Zeit zu speichern!

Klicke auf die grüne Fahne, um den bisherigen Code zu testen. Vergewissere dich, dass die Explosionsfigur nicht sichtbar ist, wenn das Spiel beginnt. Fliege dann in einen Asteroiden hinein und prüfe, ob die Explosion an der Stelle erscheint, an der sich das Raumschiff befindet. Klicke auf das rote Stoppschild und speichere dein Programm.

Der Code für dieses Programm ist zu umfangreich, um ihn hier komplett abzudrucken. Du kannst ihn dir aber in der Programmdatei aus der ZIP-Datei ansehen. Der Dateiname lautet *Asteriods.sb3*.

Version 2.0: Begrenzter Munitionsvorrat

Wenn du bei *Asteroid Breaker* einmal den Dreh heraushast, wird es schnell zu einfach. Was besonders zu dieser Einfachheit beiträgt, ist die Tatsache, dass du so schnell schießen kannst, wie du in der Lage bist, die Leertaste zu drücken. Das verführt Spieler leicht dazu, einfach wild um sich zu schießen, anstatt sorgfältig zu zielen. Dieses Verhalten können wir ändern, indem wir die neue Variable *Energy* hinzufügen und sie jedes Mal, wenn ein Geschoss abgefeuert wird, um 1 verringern. Hat die Variable den Wert 0 erreicht, kann das Raumschiff schließen. Im Laufe der Zeit wird der Variablenwert langsam wieder erhöht, aber die Spieler sind trotzdem gezwungen, sorgfältig zu zielen, um ihren Munitionsvorrat nicht zu verschwenden.

Klicke in der orangefarbenen Gruppe *Variablen* auf **Neue Variable**, nenne die Variable *Energy* und wähle die Einstellung **Für alle Figuren**. Achte darauf, dass in der Blockpalette ein Häkchen neben *Energy* gesetzt ist (ebenso wie neben *Score*), damit die Variable auf der Bühne angezeigt wird.

Die Variable *Energy* hat zu Beginn des Spiels den Wert 10 und wird jedes Mal um 1 verringert, wenn der Spieler ein Energiegeschoss abfeuert. Es ist nur dann möglich, einen Schuss abzugeben, wenn der Wert dieser Variable größer als 0 ist.

Ändere dazu den Code der Figur *Energy Blast* wie folgt:

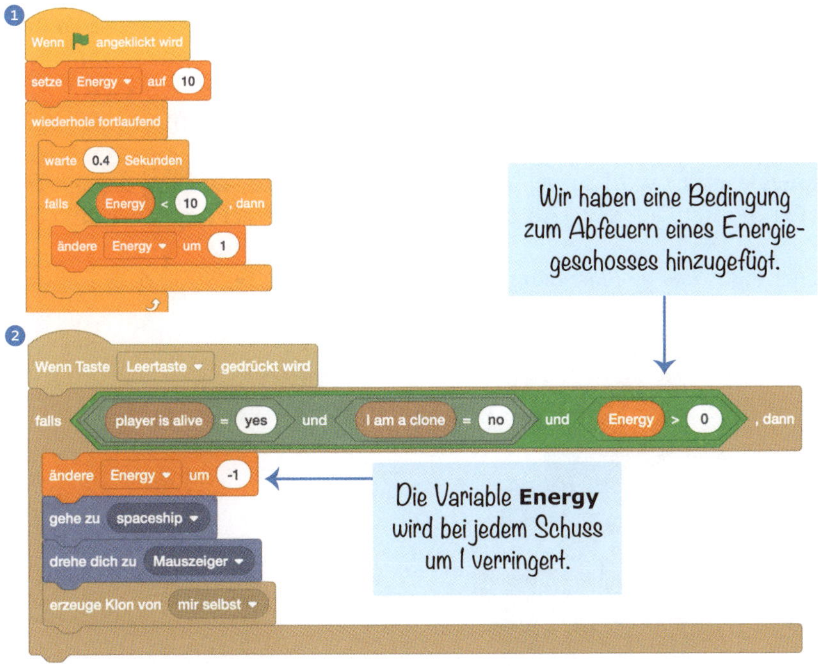

Skript ❶ ist neu. Es gibt der Variable *Energy* den Wert 10 und tritt dann in die **wiederhole fortlaufend**-Endlosschleife ein. Darin wird *Energy* nach einer Wartezeit von jeweils 0,4 s immer um 1 erhöht, solange der Wert kleiner als 10 ist. Dadurch kann der Wert 10 niemals überschritten werden. Skript ❷ wurde leicht abgewandelt, sodass jetzt *Energy* größer als 0 sein muss, damit ein Schuss abgefeuert werden kann. Außerdem verringert der Block **ändere Energy um −1** den Wert der Variable nach jedem Schuss.

Zeit zu speichern!

Klicke auf die grüne Fahne, um den bisherigen Code zu testen. Vergewissere dich, dass die Variable *Energy* in der Nähe der Variable *Score* auf der Bühne angezeigt wird. Sie sollte zu Anfang des Spiels den Wert 10 haben und jedes Mal um 1 verringert werden, wenn der Spieler die Leertaste drückt. Wenn der Wert der Variable auf 0 gefallen ist, soll es nicht möglich sein, weitere Energiegeschosse abzufeuern. Vergewissere dich auch, dass die Variable *Energy* ungefähr jede halbe Sekunde wieder um 1 »aufgeladen« wird. Klicke auf das rote Stoppschild und speichere dein Programm.

Cheat-Modus: Energiespirale

Der begrenzte Energievorrat macht *Asteroid Breaker 2.0* kniffliger. Wir wollen nun aber einen Cheat-Modus hinzufügen, um diese Einschränkungen zu umgehen. Es wäre jedoch langweilig, einfach wieder zu einem uneingeschränkten Vorrat zurückzukehren. Stattdessen führen wir eine besondere Art von Energiebombe ein, die sich spiralförmig um das Raumschiff ausbreitet.

Die Energiespirale wird ausgelöst, wenn der Spieler die Taste [X] drückt. Der Code ähnelt demjenigen zum Abfeuern der regulären Geschosse über die Leertaste.

Füge der Figur *Energy Blast* den folgenden Code hinzu:

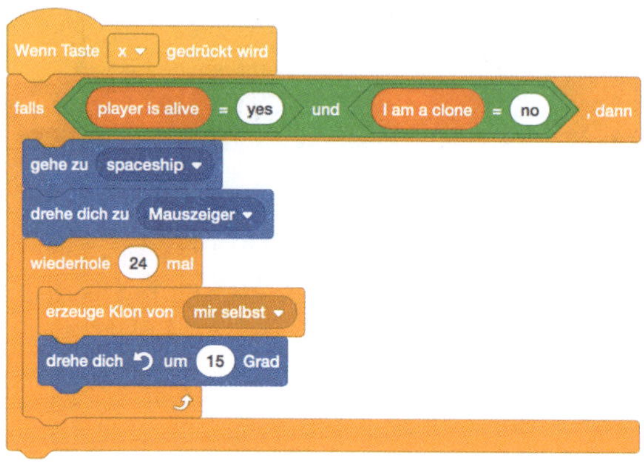

Ebenso wie das Skript **Wenn Taste Leertaste gedrückt** prüft auch dieses Skript, ob der Spieler noch am Leben ist und ob es sich bei der Figur nicht um einen Klon handelt. Nur die Originalfigur darf diesen Code ausführen, aber nicht ihre Klone.

Innerhalb des Blocks **falls … dann** wird die Figur *Energy Blast* zum Raumschiff bewegt und dann in die Richtung des Mauszeigers gedreht. Anschließend klont sich die Figur 24-mal, wobei sie sich jeweils nach der Bildung eines Klons um 15° gegen den Uhrzeigersinn dreht. Das führt dazu, dass die Geschosse in einem spiralförmigen Muster in alle Richtungen fliegen.

Zeit zu speichern!

Klicke auf die grüne Fahne, um den bisherigen Code zu testen. Drücke die Taste [X] und beobachte, wie die Klone der Energiegeschosse in alle Richtungen aus deinem Raumschiff herausfliegen. Vergewissere dich auch, dass du diesen Trick unabhängig vom Energiestand ausführen kannst, denn schließlich ist dies ja ein geheimer Cheat-Modus! Klicke auf das rote Stoppschild und speichere dein Programm.

Zusammenfassung

In dem Projekt in diesem Kapitel hast du Folgendes getan:

- Du hast dafür gesorgt, dass das Raumschiff wie ein Eishockeypuck durch Anstoßen gesteuert werden kann.
- Du hast mit den Variablen *x velocity* und *y velocity* bestimmt, wie schnell sich das Raumschiff bewegt.
- Du hast dafür gesorgt, dass Figuren, die den Bühnenrand erreichen, dort verschwinden und am gegenüberliegenden Rand wieder auftauchen.
- Du hast die Asteroidenklone jeweils zwei kleinere Klone von sich selbst erzeugen lassen.
- Du hast dafür gesorgt, dass die Variablen *Score* und *Energy* im Laufe der Zeit ständig verringert bzw. erhöht werden.
- Du hast eine Animation aus mehreren Einzelbildern für die Explosion verwendet.

Dieses Spiel stellt die Spieler vor echte Herausforderungen. Bei der Programmierung mussten wir alle diese Merkmale, die es kniffliger machen, eines nach dem anderen hinzufügen. Angefangen haben wir damit, dass der Spieler das Schiff nicht direkt lenkt, sondern nur in die gewünschte Richtung stupst. Hätten wir an dieser Stelle aufgehört, könne sich der Spieler einfach sicher vor Asteroiden in einer Ecke verstecken. Daher haben wir dafür gesorgt, dass eine Figur, wenn sie den Rand erreicht, am gegenüberliegenden Rand wieder zum Vorschein kommt. Doch selbst mit dieser Ergänzung wäre es dem Spieler möglich, einfach reglos in der Bühnenmitte zu verharren. Daher haben wir dafür gesorgt, dass das Raumschiff durch zufällige Stöße in Bewegung gesetzt wird.

Da es schwierig ist, den kleinen Trümmern auszuweichen, könnte der Spieler es langsam angehen und erst sorgfältig alle kleinen Asteroiden abschießen, bevor er sich den großen zuwendet. Daher haben wir dafür gesorgt, dass die Punktezahl im Laufe der Zeit abnimmt, um den Spieler dazu zu bringen, schneller zu schießen. Dabei könnte er allerdings blindlings um sich feuern, ohne sorgfältig zu zielen, weshalb wir mit der Variable *Energy* die Schussfrequenz beschränkt haben.

Jedes Mal, wenn du einem Spiel ein neues Merkmal hinzufügst, musst du überlegen, wie es sich auf den Spielverlauf auswirkt. Wenn ein Spiel zu schwer ist, macht es keine Freude, aber wenn es zu leicht ist, wird es schnell langweilig. Du musst den richtigen Ausgleich finden.

Im nächsten Kapitel schreiben wir unser bislang anspruchsvollstes Programm, nämlich ein Jump-&-Run-Spiel wie *Super Mario Bros.* oder *Super Meat Boy*. Dabei wird jedoch nicht nur gesprungen und unter Schwerkrafteinfluss gefallen wie in *Basketball*. Du kannst auch ohne Änderungen des Codes deine eigenen, selbst gestalteten Levels hinzufügen!

Wiederholungsfragen

Versuche die folgenden Fragen zu beantworten, um zu prüfen, was du gelernt hast. Wahrscheinlich hast du nicht alle Antworten im Kopf, aber du kannst dir jederzeit den Scratch-Editor ansehen, um die Lösung herauszufinden. (Die Antworten stehen online auf *www.dpunkt.de/scratch3*.)

1. Wie funktioniert der Code, der für die umlaufende Bewegung an den Rändern sorgt?
2. Warum hat die Figur *Energy Blast* die Variable *I am a clone*?
3. Was verhindert, dass Asteroidenklone immer weiter in immer mehr Trümmer zerbrechen können?
4. Wie sorgt der Code der Figur *Explosion* dafür, dass eine realistische Explosion des Raumschiffs angezeigt wird?

7

Ein anspruchsvolles Jump-&-Run-Spiel

Das erste Super-Mario-Brothers-Spiel wurde 1985 veröffentlicht. Es war eines der einflussreichsten Spiele aller Zeiten und bildete den Grundstein der umfangreichsten Videospielmarke von Nintendo. Da die Spielfigur hierbei springen und rennen und von einer Plattform zur nächsten hüpfen muss, wird diese Art von Spiel als *Jump-&-Run-Spiel* und im englischen Sprachraum als *Platform*-Spiel oder kurz *Platformer* bezeichnet.

In dem Scratch-Spiel, das wir in diesem Kapitel schreiben, übernimmt die Katze die Rolle von Mario oder Luigi. Der Spieler lässt die Katze in einem einzigen Level herumlaufen und -springen, um Äpfel einzusammeln und dabei den Krabben auszuweichen, die versuchen, die Äpfel zu stehlen. Dabei läuft die Uhr: Der Spieler hat nur 45 Sekunden Zeit, um seine Aufgabe zu erfüllen.

Bevor du mit dem Programmieren beginnst, solltest du dir das fertige Spiel auf *https://www.nostarch.com/scratch3playground/* anschauen.

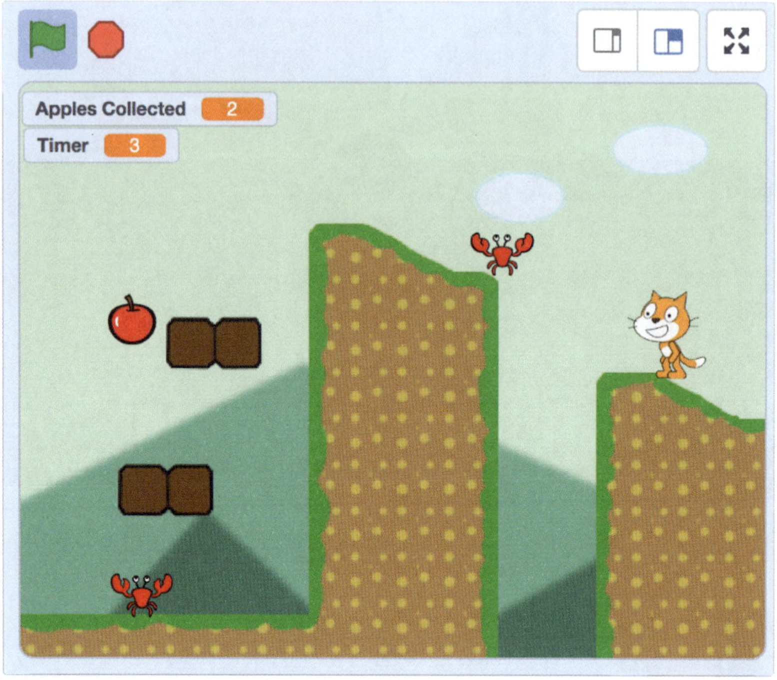

Du wirst jetzt ein Spiel programmieren, das viel komplizierter ist als diejenigen in den vorherigen Kapiteln. Mach dich bereit!

Das Projekt skizzieren

Wir wollen zunächst aufzeichnen, wie unser Spiel aussehen soll. Der Spieler steuert eine Katze, die sich über die Bühne bewegt, während Äpfel zufällig verteilt erscheinen. Auch die Krabben bewegen sich zufällig über die Plattformen.

In den einzelnen Abschnitten werden wir Folgendes tun:

- (A) Die Katze fallen und landen lassen
- (B) Die Bewegung an steilen Hängen und Wänden gestalten
- (C) Die Katze verschieden hoch springen lassen
- (D) Decken erkennen
- (E) Eine Hitbox für die Katzenfigur verwenden
- (F) Die Gehanimation verbessern
- (G) Das Level gestalten
- (H) Krabben und Äpfel hinzufügen

Dieses Spiel ist das anspruchsvollste im ganzen Buch, aber du kannst den Code schreiben, indem du nach und nach der Anleitung in diesem Kapitel folgst. Wir werden dabei Schritt für Schritt vorgehen.

Um Zeit zu sparen, kannst du die Skelettdatei für das Projekt als Ausgangspunkt verwenden. Sie befindet sich als *PlatformerAdvanced-skeleton.sb3* in der ZIP-Datei, die du von *https://www.nostarch.com/scratch3playground/* herunterladen kannst, indem du auf den Link *Download Scratch 3 Programming Playground's resources* rechtsklickst und *Ziel speichern als* auswählst. Entpacke anschließend die ZIP-Datei. In der Skelettdatei sind bereits alle Figuren geladen, sodass du nur noch die Codeblöcke zusammenstellen musst.

A Die Katze fallen und landen lassen

Im ersten Teil fügen wir Code dafür hinzu, dass die Katze ähnlich wie in dem Basketballspiel aus Kapitel 4 unter Schwerkrafteinfluss fallen und landen kann. Der entscheidende Unterschied besteht darin, dass die Katze hier nicht auf dem unteren Bühnenrand landen soll, sondern auf der Figur für das Gelände. Das zu programmieren ist etwas schwieriger, da dieses Gelände Erhebungen und schließlich auch Plattformen aufweisen soll.

Um zu beginnen, klickst du in das Textfeld oben im Scratch-Editor und änderst die vorläufige Projektbezeichnung *Untitled* in *Platformer*.

1. Die Figur für das Gelände erstellen

Um auszuprobieren, wie der Code wirkt, verwenden wir in unseren ersten Skripten eine einfache Form für das Gelände.

Klicke auf die Schaltfläche **Malen**, die aufklappt, sobald du auf den Button **Figur wählen** gehst, um eine vorläufige Geländefigur für unsere ersten Programmierversuche für ein Jump-&-Run-Spiel zu malen. Verwende dazu das Pinsel- oder das Linienwerkzeug. Die Linien kannst du über den Regler *Linienbreite* unten links im Zeichenbereich dicker machen. Gestalte das Gelände so, dass es an seinem rechten Ende eine sanfte Steigung hat und an seinem linken Ende eine steile.

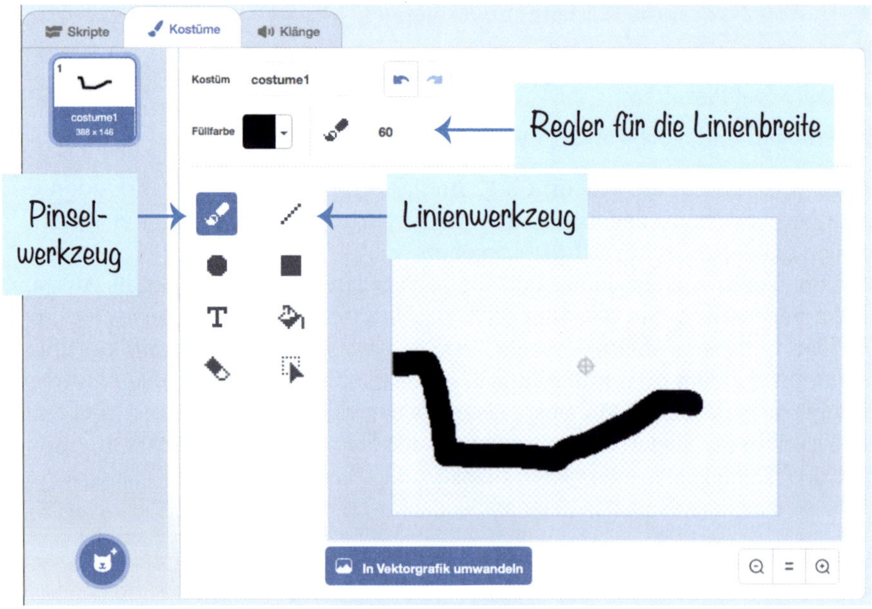

Im Bereich *Figur* ändere den Namen der Figur im Eingabefeld in *Ground* (»Boden«). Benenne auch die Katze von *Sprite1* in *Cat* um.

2. Code zum Fallen und Landen hinzufügen

Da wir jetzt eine Figur für das Gelände haben, können wir die Katze fallen und auf ihm landen lassen.

Wähle die Katze aus, klicke in der orangefarbenen Gruppe *Variablen* auf **Neue Variable** und erstelle die Variable *y velocity* nur für diese Figur. Füge der Katze dann den folgenden Code hinzu:

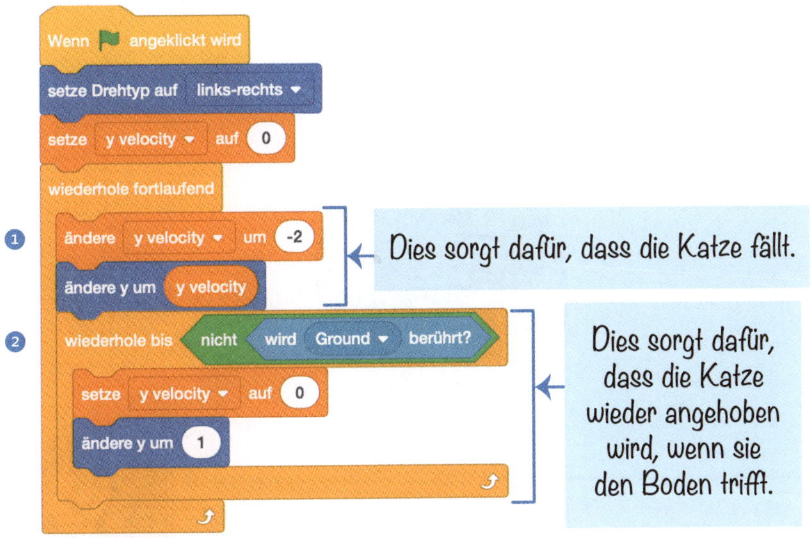

In der Schleife **wiederhole fortlaufend** führt dieser Code zwei Aufgaben aus: Er sorgt dafür, dass die Katze fällt, bis sie den Boden berührt (1), und er hebt die Katze wieder an, wenn sie tief im Boden steckt (2).

Dank dieser beiden Codeabschnitte kann die Katze fallen, am Boden angekommen anhalten, sich falls nötig wieder ein wenig erheben und schließlich auf der Oberseite der Geländefigur zur Ruhe kommen.

Der Fallcode bei ① zieht 2 von der Variable *y velocity* ab und verschiebt die y-Position der Katze um den Wert von *y velocity*, sodass die Figur immer schneller fällt. Dieser Code sollte dir aus dem Basketballspiel in Kapitel 4 bekannt vorkommen.

Der Block **wiederhole bis** (②) wird so lange ausgeführt, bis die Katze den Boden nicht mehr berührt. (Wenn sich die Katze noch in der Luft befindet und fällt, berührt sie den Boden auch nicht, sodass der Code in dieser Schleife dann übersprungen wird.) Innerhalb der Schleife wird *y velocity* auf 0 gesetzt, sodass die Katze nicht mehr tiefer fällt. Durch den Block **ändere y um 1** wird die Figur wieder ein wenig nach oben bewegt. Der Block **wiederhole bis nicht wird Ground berührt?** fährt damit fort, die Katze anzuheben, bis sie nicht mehr in der Figur *Ground* versunken ist. So kann die Katze auf der Oberseite des Bodens bleiben, egal welche Form er hat.

Zeit zu speichern!

Klicke auf die grüne Fahne, um den bisherigen Code zu testen. Ziehe die Katze mit der Maus nach oben und lass sie los. Vergewissere dich, dass sie nach unten fällt, ein kleines bisschen in den Boden einsinkt und sich dann wieder langsam erhebt. Klicke auf das rote Stoppschild und speichere dein Programm.

3. Die Katze horizontal bewegen und vertikal umlaufen lassen

Um die Katze mithilfe der WASD-Tasten nach rechts und links gehen zu lassen, fügst du ihrer Figur das folgende Skript hinzu:

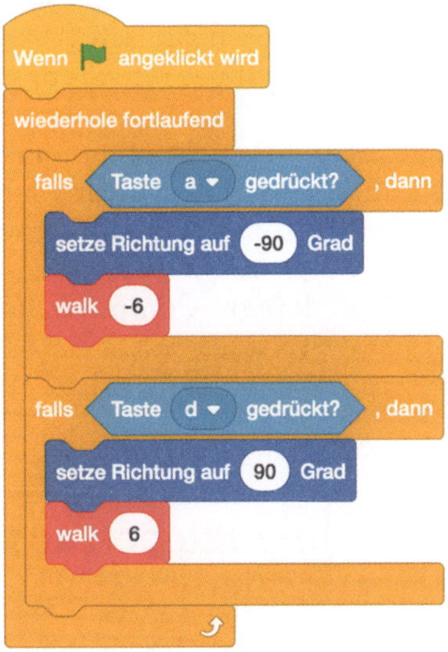

Dieser Code erklärt sich fast von selbst: Wenn du die Taste [A] drückst, wird die Katze nach links ausgerichtet (−90) und ihre x-Position um −6 verschoben (also nach links). Drückst du dagegen [D], zeigt die Katze nach rechts und bewegt sich um 6 Schritte in diese Richtung.

Als Nächstes fügen wir Code hinzu, der die Katze wieder am oberen Bühnenrand erscheinen lässt, wenn sie am unteren Rand versinkt.

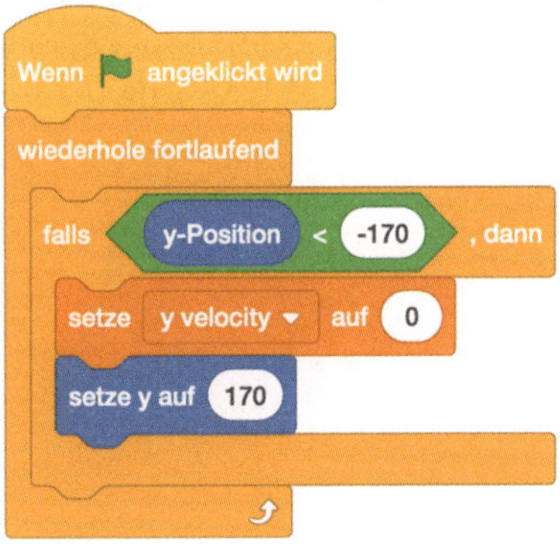

Dieses Skript ähnelt dem Umlaufcode aus dem Asteroidenspiel von Kapitel 6. Den horizontalen Umlaufcode schreiben wir später.

Zeit zu speichern!

Klicke auf die grüne Fahne, um den bisherigen Code zu testen. Drücke die Tasten [A] und [D], um die Katze über die Böschungen marschieren zu lassen. Wenn sie über den Rand der Geländefigur hinaus in die Tiefe fällt, sollte sie wieder am oberen Bühnenrand erscheinen. Klicke auf das rote Stoppschild und speichere dein Programm.

Dieses Spiel besteht aus sehr vielen Skripten, und wenn du dabei durcheinanderkommst, kann es sein, dass du nicht mehr weitermachen kannst. Falls dein Programm nicht funktioniert und du nicht herausfinden kannst, woran es liegt, lade die Projektdatei *platformer1.sb3* aus der ZIP-Datei. Klicke dazu im Scratch-Editor auf **Datei ▸ Von deinem Computer hochladen** und nimm die Datei als Ausgangspunkt, um weiterzumachen.

4. Die Verzögerung beim Anheben aus dem Boden beseitigen

Das größte Problem in unserem bisherigen Code besteht darin, dass die Katze sehr langsam aus dem Inneren des Bodens zu dessen Oberseite angehoben wird. Der Code sollte besser so schnell laufen, dass der Spieler gar nicht erst sieht, wie die Figur versinkt, sondern sie nur auf der Oberseite wahrnimmt.

Dabei können uns die lilafarbenen eigenen Blöcke helfen. Klicke in der Gruppe *Weitere Blöcke* auf **Neuer Block**. Nenne den Block **handle ground** (»Boden(berührung) handhaben«) und klicke auf das graue Dreieck **Einstellungen**. Setze ein Häkchen bei **Ohne Bildschirmaktualisierung laufen lassen**.

Daraufhin erscheint im Skriptbereich der Block **Definiere handle ground**. Verschiebe den Block **wiederhole bis nicht wird Grund berührt?** unter **Definiere handle ground** und füge den Block **handle ground** dort ein, wo zuvor der verschobene Block gestanden hat.

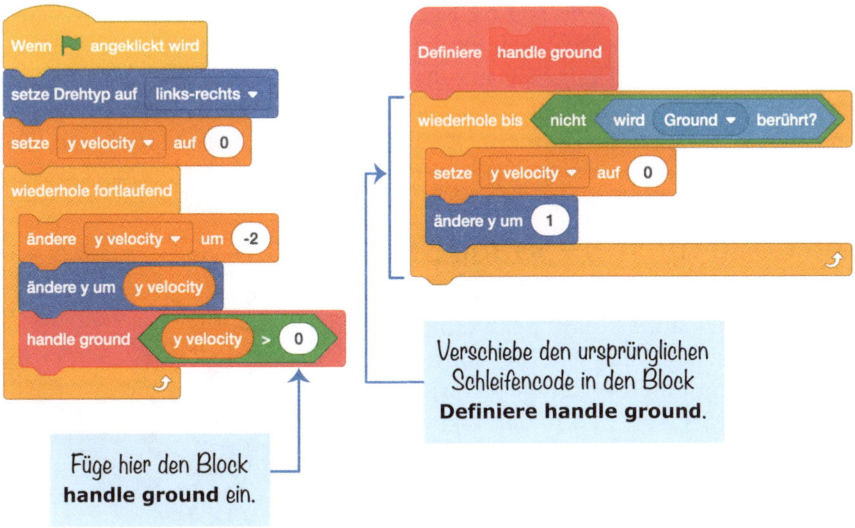

Der Code funktioniert genauso wie vorher, aber da du für den Block **handle ground** die Einstellung *Ohne Bildschirmaktualisierung laufen lassen* gewählt hast, wird die Schleife jetzt im Turbo-Modus ausgeführt. Jetzt wird die Katze sofort angehoben, sodass es so aussieht, als würde sie gar nicht erst in den Boden einsinken.

Zeit zu speichern!

Klicke auf die grüne Fahne, um den bisherigen Code zu testen. Lass die Katze wie zuvor herumwandern oder ziehe sie mit der Maus zum oberen Bühnenrand. Die Figur sollte jetzt nicht mehr in den Boden einsinken. Klicke auf das rote Stoppschild und speichere dein Programm.

Wenn du nicht mehr weiterwissen solltest, öffne die Datei *platformer2.sb3* aus der ZIP-Datei und nimm sie als Ausgangspunkt, um weiterzumachen.

B Die Bewegung an steilen Hängen und Wänden gestalten

Die Geländefigur hat Erhebungen und Böschungen, die die Katze erklimmen kann. Du kannst dieser Figur im Zeichenbereich auch so ziemlich jede Form geben, die dir vorschwebt. Für die Spieler ist das interessanter, als die Katze einfach nur über den unteren Bühnenrand gehen zu lassen wie in dem Basketballspiel. Wir haben jetzt aber das Problem, dass die Katze die steile Wand auf der linken Seite genauso einfach hochklettert wie die sanfte Böschung auf der rechten, was nicht sehr realistisch wirkt. Die steile Wand soll die Katze aufhalten. Dazu müssen wir eine kleine Änderung in den Codeblöcken für die Bewegung vornehmen.

Der Skriptbereich der Figur sieht mit den vielen Skripten jetzt schon ziemlich wirr aus. Um ihn übersichtlicher zu machen, klickst du mit der rechten Maustaste darauf und wählst **Aufräumen**. Dadurch werden die Skripte sauber in Reihen angeordnet.

5. Den Code für steile Wände hinzufügen

Wir wollen nun den bisherigen Bewegungscode für die Katze ändern und auch einigen neuen Code hinzufügen. Anstatt einfach die x-Position um einen beliebigen Wert zu ändern, verwenden wir den neuen eigenen Block **walk** (»gehen«). Dieser Block hat außerdem eine *Eingabe* namens **steps** (»Schritte«). Eine Eingabe ist etwas Ähnliches wie eine Variable, du kannst sie aber nur im Definitionsblock eines eigenen Blocks verwenden.

Klicke in der lilafarbenen Gruppe *Weitere Blöcke* auf **Neuer Block** und nenne den Block **walk**. Klappe die Einstellungen auf und klicke auf **Zahlenfeld**, um eine Eingabe hinzuzufügen, die du anschließend **steps** nennst. Wenn wir später den Block **walk** aufrufen, müssen wir dabei die Anzahl der Schritte eingeben. Setze auch ein Häkchen in **Ohne Bildschirmaktualisierung laufen lassen**.

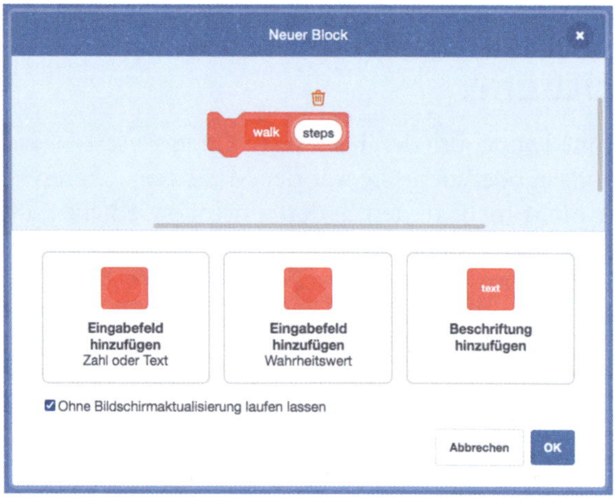

Für den Code brauchst du außerdem die Variable *ground lift* (»Anheben vom Boden«), die nur für die Katzenfigur gelten soll. Anhand dieser Variable bestimmen wir, ob eine Schräge zu steil ist, um von der Katze erklettert zu werden. Der Code ist etwas komplizierter, weshalb wir ihn Schritt für Schritt durchgehen. Ändere den Code für die Katze zunächst einmal so, dass er wie folgt aussieht:

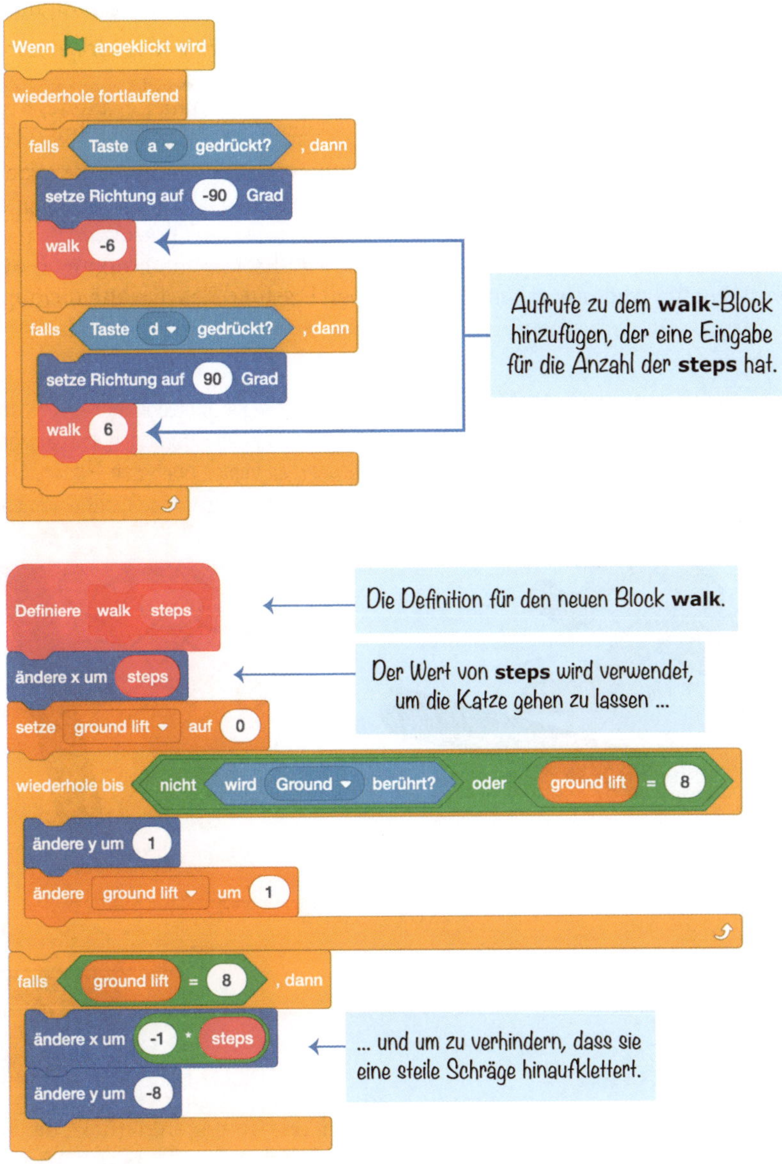

Die Katze soll sich wie zuvor jeweils um sechs Schritte bewegen. Daher übergeben wir beim Aufruf der **walk**-Blöcke im Bewegungsskript die Werte −6 bzw. 6. Im Block **Definiere walk** wird der Eingabeblock **steps** in den Blöcken **ändere x um** verwendet. Wir können also ein und dasselbe Skript verwenden, um die Katze nach links (**walk −6**) und nach rechts (**walk 6**) gehen zu lassen. Dadurch wird unser Code kompakter.

Der Code in der Schleife **wiederhole bis** bestimmt anhand der Variable *ground lift*, ob eine Schräge erklettert werden kann oder ob sie eine Wand ist, die ein weiteres Vorwärtsgehen der Katze verhindert. Die Variable *ground lift* hat zu Anfang den Wert 0 und wird jedes Mal um 1 erhöht, wenn die Schleife **wiederhole bis** die y-Position der Katzenfigur um 1 erhöht. Die Schleife läuft so lange, bis die Figur den Boden nicht mehr berührt oder *ground lift* gleich 8 ist.

Ist die Bedingung **ground lift = 8** erreicht, wird die Schleife **wiederhole bis** beendet. Das bedeutet: »Die Katze ist schon um acht Schritte angehoben worden, berührt aber immer noch den Boden; das bedeutet, dass dies eine steile Wand ist.«

Wenn das der Fall ist, müssen wir sowohl die Vorwärts- als auch die Aufwärtsbewegung rückgängig machen. Das geschieht mithilfe der Blöcke *ändere y um −8* und **ändere x um −1 * steps**. Durch die Multiplikation von **steps** mit −1 wird die Schrittanzahl mit einem Minuszeichen versehen, sodass die Anzahl der bisherigen Schritte von der x-Position abgezogen wird.

Sanfte Steigung: Nachdem die Katzenfigur acht Schritte angehoben wurde, berührt sie nicht mehr den Boden. Daher kann sie diese Schräge erklimmen.

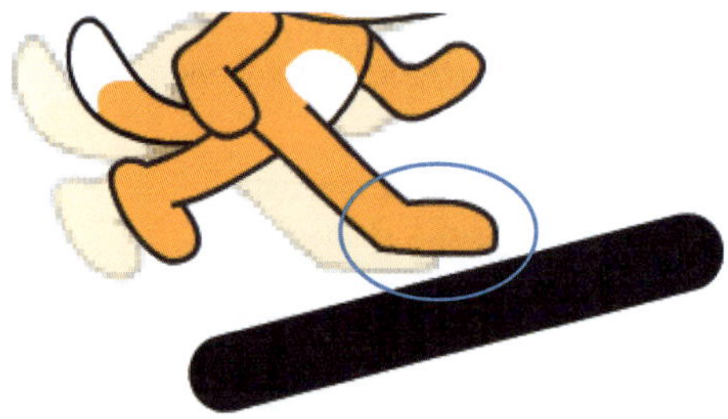

Steile Steigung: Nachdem die Katzenfigur acht Schritte angehoben wurde, berührt sie immer noch den Boden. Daher kann sie diese Schräge nicht erklimmen.

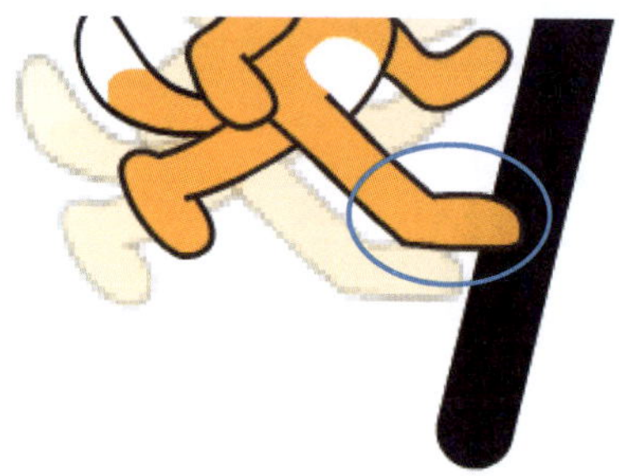

Dieser Code entspricht dem Code aus dem Labyrinthspiel von Kapitel 3, der verhindert, dass die Spielfigur durch die Wände läuft.

Zeit zu speichern!

Klicke auf die grüne Fahne, um den bisherigen Code zu testen. Drücke die Tasten [A] und [D], um die Katze umherwandeln zu lassen. Sie sollte jetzt nach wie vor in der Lage sein, die sanfte Böschung auf der rechten Seite zu erklimmen, an der steilen Wand auf der linken Seite aber nicht mehr weiterkommen. Klicke auf das rote Stoppschild und speichere dein Programm.

Wenn du nicht mehr weiterwissen solltest, öffne die Datei *platformer3.sb3* aus der ZIP-Datei und nimm sie als Ausgangspunkt, um weiterzumachen.

C Die Katze verschieden hoch springen lassen

Die Katze kann jetzt gehen. Als Nächstes wollen wir sie springen lassen. In dem Basketballspiel haben wir dazu die Variable *y velocity* auf eine positive Zahl gesetzt. Dadurch springt die Figur immer gleich hoch, nämlich so hoch, wie der Wert der Variable angibt. In vielen Jump-&-Run-Spielen kann die Figur jedoch unterschiedlich hoch springen, je nachdem, ob der Spieler die Taste nur kurz drückt oder länger gedrückt hält. Das wollen wir auch in unserem Spiel so halten, weshalb wir einen etwas anspruchsvolleren Springcode austüfteln müssen als für das Basketballspiel.

6. Den Springcode hinzufügen

Als Erstes erstellst du die Variable *in air* (»in der Luft«) – nur für die Katzenfigur. Wenn sich die Katze auf dem Boden befindet, wird diese Variable immer auf 0 gesetzt, doch wenn sie springt oder fällt, steigt der Wert. Je größer *in air* ist, umso länger befindet sich die Katze vom Boden losgelöst in der Luft.

Füge der Figur *Cat* das folgende Skript hinzu:

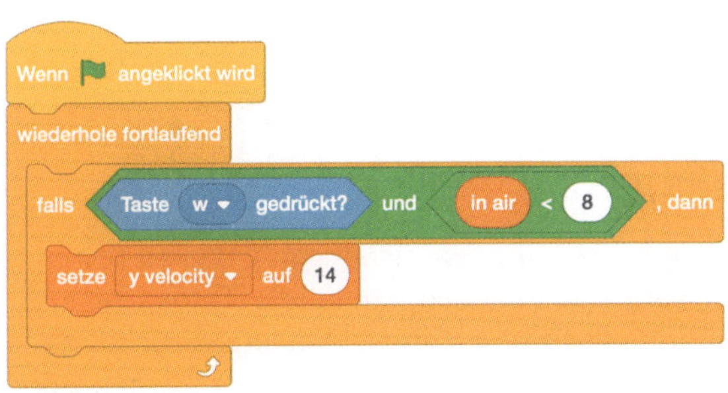

Die Schleife **wiederhole fortlaufend** prüft, ob die Taste W gedrückt gehalten wird. Wenn ja, erhält die Katze eine y-Geschwindigkeit von 14, bewegt sich also nach oben. Beachte aber, dass es für diese Aufwärtsbewegung zwei Bedingungen gibt: Der Spieler muss die Taste [W] gedrückt halten *und* die Variable *in air* muss kleiner als 8 sein.

Nun müssen wir die beiden vorhandenen Skripte für die Katze um die Variable *in air* ergänzen, die die Sprunghöhe beschränkt:

❶

❷

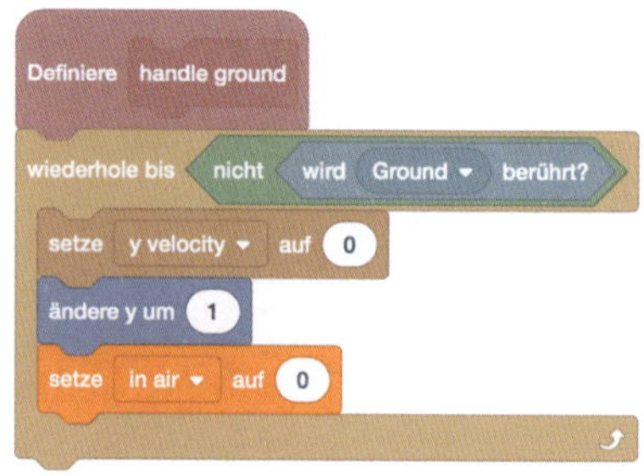

Wenn der Spieler die Taste [W] drückt, um die Katze springen zu lassen, wird *y velocity* auf 14 gesetzt. Dadurch ändert der Code in der Schleife **wiederhole fortlaufend** von Skript ❶ die y-Position der Katze um den jetzt positiven Wert von *y velocity*, sodass sie sich nach oben bewegt. Von Beginn des Sprungs an nimmt die Variable *in air* zu, ist zunächst aber noch kleiner als 8. Hält der Spieler die Taste [W] gedrückt, wird *y velocity* fortgesetzt der Wert 14 zugewiesen, anstatt durch den Block **ändere y velocity um −2** ständig verringert zu werden. Dadurch springt die Katze höher als in dem Fall, dass der Spieler die Taste nur für einen Durchlauf durch die Schleifer gedrückt hätte. Irgendwann aber erreicht *in air* den Wert 8 und überschreitet ihn sogar. Da beide Bedingungen erfüllt sein müssen, um den Code innerhalb des Blocks **falls … dann** auszuführen – also sowohl **Taste w gedrückt?** als auch **in air < 8** –, hat es nun keine Auswirkungen mehr, ob der Spieler die Taste [W] weiterhin gedrückt hält.

Jetzt wird die Variable *y velocity* wieder wie erwartet verringert, sodass die Katze schließlich zu fallen beginnt. In Skript ❷ wird die Variable *in air* auf 0 zurückgesetzt, wenn die Katze wieder am Boden angekommen ist.

Zeit zu speichern!

Klicke auf die grüne Fahne, um den bisherigen Code zu testen. Drücke die Taste [W], um die Katze springen zu lassen. Ein kurzer Tastendruck sollte nur zu einem kleinen Sprung führen, doch wenn du [W] länger gedrückt hältst, sollte die Katze höher springen. Vergewissere dich, dass die Katze nur vom Boden aus springen kann und nicht in der Lage ist, in der Luft einen »Doppelsprung« auszuführen. Klicke auf das rote Stoppschild und speichere dein Programm.

Wenn du nicht mehr weiterwissen solltest, öffne die Datei *platformer4.sb3* aus der ZIP-Datei und nimm sie als Ausgangspunkt, um weiterzumachen.

D Decken erkennen

Die Katze kann jetzt über den Boden wandern und wird an steilen Wänden aufgehalten. Wenn sie aber ihren Kopf von unten gegen eine Plattform stößt, wird sie zu deren Oberfläche emporgehoben! Um dieses Problem zu lösen, müssen wir den Anhebecode verändern und eine *Deckenerkennung* hinzufügen.

7. Eine niedrige Plattform zur Geländefigur hinzufügen

Zeichne in das Kostüm der Geländefigur wie in der folgenden Abbildung eine kurze, niedrige Plattform ein. Achte darauf, dass sie hoch genug hängt, damit die Katze unter ihr hindurchlaufen kann, aber niedrig genug, um sie mit einem Sprung zu erreichen.

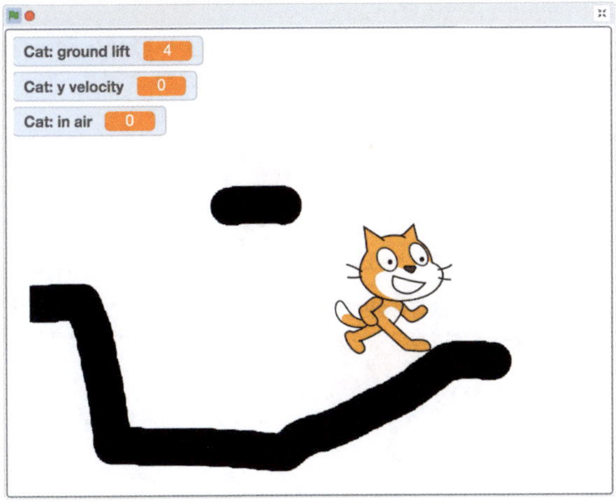

Zeit zu speichern!

Klicke auf die grüne Fahne, um den bisherigen Code zu testen. Lasse die Katze unterhalb der Plattform springen. Wenn die Katze die Plattform berührt, wird sie auf deren Oberfläche befördert! Das ist ein Fehler, den wir korrigieren müssen. Klicke auf das rote Stoppschild.

8. Den Code für die Deckenerkennung hinzufügen

Das Problem besteht darin, dass der Code in dem eigenen Block **handle ground** immer davon ausgeht, dass die Katze fällt, weshalb er sie anhebt, wenn sie die Figur *Ground* berührt. *Ground* enthält alle massiven Teile, die die Katze nicht durchdringen kann, einschließlich Decken. Wir müssen den Code so ändern, dass die Katze, wenn sie die Geländefigur im Sprung berührt, *nicht* weiter steigt, weil sie sich den Kopf stößt. Ob sich die Katze nach oben bewegt, können wir daran erkennen, dass der Wert von *y velocity* größer als 0 ist.

Um den Fehler zu beheben, fügen wir dem Block **handle ground** die neue boolesche Eingabe **moving up** (»bewegt sich nach oben«) hinzu. Ein *boolescher Wert* ist entweder wahr oder falsch. Wir verwenden hier eine boolesche Eingabe, da wir wissen müssen, ob *y velocity* beim Aufruf von **handle ground** größer als 0 ist. Dieser Wahr/falsch-Wert wird in der Eingabe **moving up** wie in einer Variable gespeichert. Würden wir in den **falls ... dann**-Block einfach die Bedingung **y velocity > 0** schreiben statt **moving up**, dann würde die Katze über die Decke emporschweben, anstatt gegen sie zu stoßen.

Klicke mit der rechten Maustaste auf den Block **Definiere handle ground** und wähle **Bearbeiten**.

Klicke auf das Feld **Eingabefeld hinzufügen Wahrheitswert** und klicke auf **OK**.

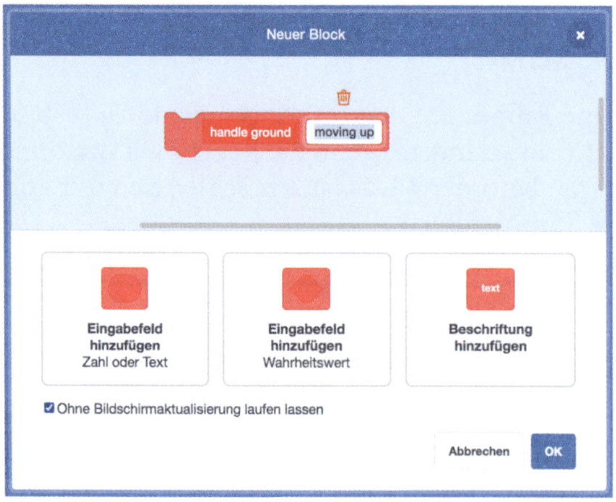

Dadurch wird der neue Block **moving up** hinzufügt, den du aus dem Block **Definiere handle ground** ebenso herausziehen kannst wie andere Blöcke aus der Blockpalette. Wir werden ihn in einem neuen **falls ... dann ... sonst**-Block verwenden. Ändere den Code von **Definiere handle ground** wie folgt:

Wenn sich die Katze nach oben bewegt, sorgt der Block **ändere y um –1** jetzt dafür, dass es so aussieht, als würde sie mit dem Kopf anstoßen. Anderenfalls verhält sich das Skript wie folgt, sodass die Katze angehoben wird, bis sie auf der Bodenoberseite zur Ruhe kommt.

Nun müssen wir den Aufruf von **handle ground** in diesem Skript bearbeiten. Dazu fügen ihm wir die boolesche Bedingung **y velocity > 0** hinzu, um zu bestimmen, ob sich die Figur nach oben bewegt.

Der Block **handle ground y velocity > 0** setzt die Eingabe **moving up** auf *wahr*, wenn *y velocity* größer als 0 ist (wenn die Katze also springt und sich nach oben bewegt). Ist *y velocity* nicht größer als 0, dann fällt die Katze oder bewegt sich nicht vertikal, sodass **moving up** auf *falsch* gesetzt wird.

Dadurch kann der Block **Definiere handle ground** entscheiden, ob er **ändere y um −1** ausführen soll (sodass die Katze nicht durch die Decke steigt) oder **ändere y um 1** (sodass sie aus dem Boden herausgehoben wird). Wenn die Katze die Figur *Ground* berührt (was ja der Fall ist, wenn der Code innerhalb der Schleife **wiederhole bis nicht wird Grund berührt?** ausgeführt wird), muss *y velocity* aber auf jeden Fall auf 0 gesetzt werden, damit die Katze nicht weiterhin fällt oder springt.

Zeit zu speichern!

Klicke auf die grüne Fahne, um den bisherigen Code zu testen. Lass die Katze unter die Plattform gehen und dort springen. Vergewissere dich, dass sie gegen die Plattform stößt und sie nicht durchdringt. Klicke auf das rote Stoppschild und speichere dein Programm.

Wenn du nicht mehr weiterwissen solltest, öffne die Datei *platformer5.sb3* aus der ZIP-Datei und nimm sie als Ausgangspunkt, um weiterzumachen.

E Eine Hitbox für die Katzenfigur verwenden

Es gibt noch ein weiteres Problem in unserem Spiel. Der Code prüft nur, ob die Figur *Cat* die Figur *Ground* berührt. Dadurch kann es vorkommen, dass die Katze einfach nur mit ihren Schnurrhaaren oder der Wange auf dem Boden »steht«! In der folgenden Abbildung fällt die Katze nicht, weil sie mit ihrer Wange auf der Plattform »gelandet« ist, was nicht sehr realistisch aussieht.

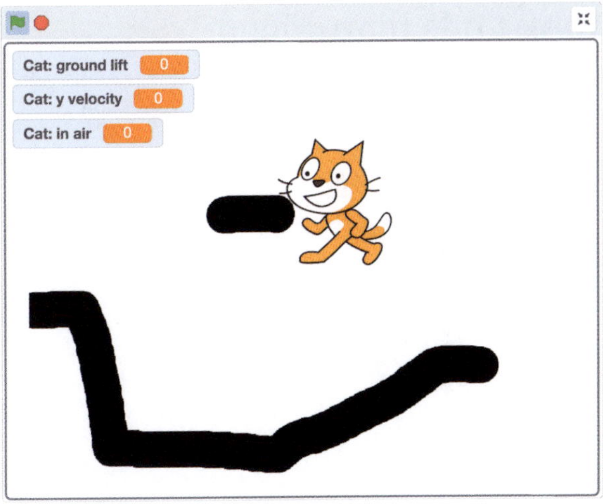

Dieses Problem können wir lösen, indem wir wie in dem Basketballspiel eine Hitbox verwenden.

9. Ein Hitboxkostüm zur Katzenfigur hinzufügen

Öffne die Registerkarte **Kostüme** der Katzenfigur, gehe auf das Katzengesicht-Symbol, bis dies grün wird, und wähle den Button **Malen**. Male ein schwarzes Rechteck, das einen Großteil der Fläche abdeckt, die die beiden anderen Kostüme einnehmen. In der folgenden Abbildung überlagert das erste Kostüm leicht aufgehellt das Rechteck, sodass du sehen kannst, wie groß das Rechteck werden soll.

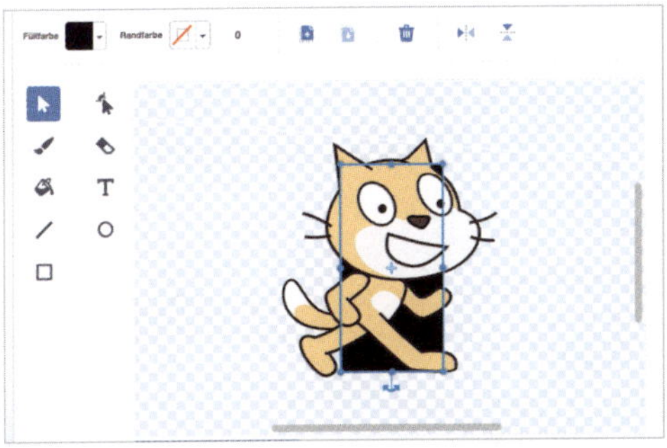

Nenne das Kostüm *hitbox*. Immer wenn der Programmcode prüfen muss, ob die Figur *Cat* die Figur *Ground* berührt, wechseln wir zu dem Kostüm *hitbox*, führen die Prüfung durch und kehren danach wieder zu dem normalen Kostüm zurück. Dadurch wird anhand der Hitbox bestimmt, ob die Katze den Boden berührt.

Diese Kostümwechsel erledigen wir in lila eigenen Blöcken mit der Einstellung *Ohne Bildschirmaktualisierung laufen lassen*, sodass das Kostüm *hitbox* nie auf den Bildschirm gezeichnet wird.

10. Den Hitbox-Code hinzufügen

Am Anfang und Ende der beiden lila Blöcke fügen wir jeweils den Block **wechsle zu Kostüm** hinzu. Ändere den Code für die Katze wie folgt:

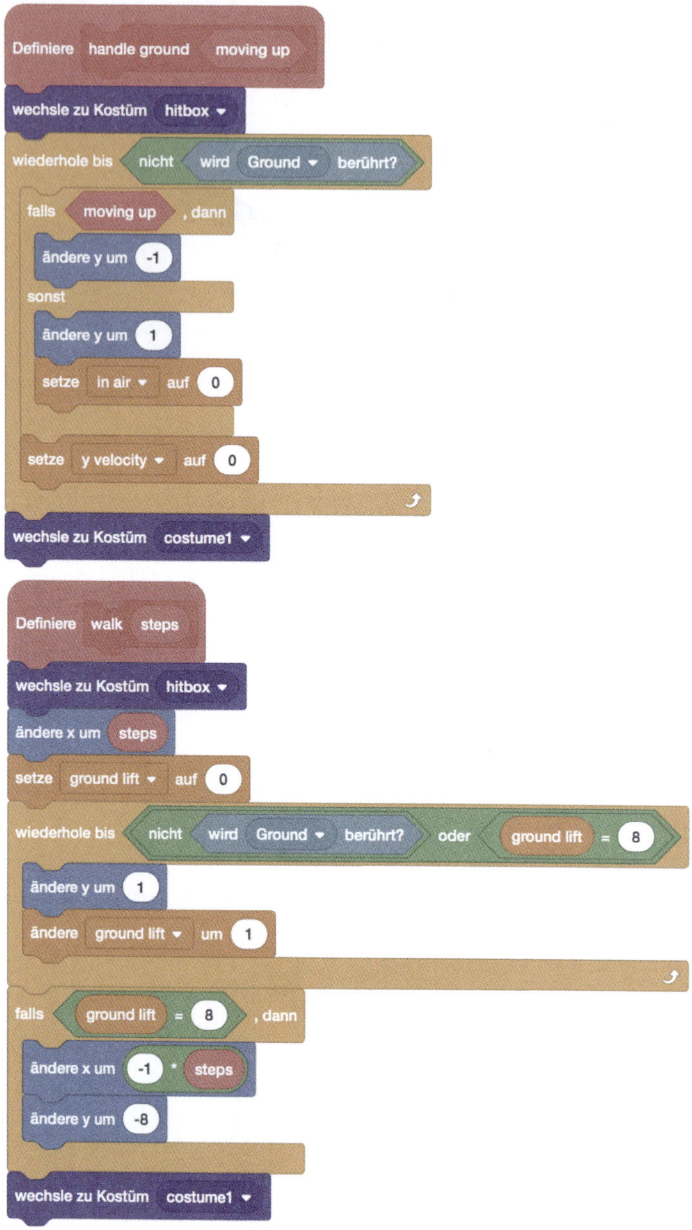

Diese Blöcke in hellerem Lila aus der Gruppe *Aussehen* schalten zwischen den Kostümen *costume1* und *hitbox* hin und her. Da die Hitbox ein einfaches Rechteck ohne Vorsprünge ist, die wie die Schnurrhaare oder die Wangen der Katze an den Plattformen hängen bleiben könnten, verhält sich das Spiel nun auf eine natürlichere Weise.

Zeit zu speichern!

Klicke auf die grüne Fahne, um den bisherigen Code zu testen. Lass die Katze herumspringen und vergewissere dich, dass sie dabei nicht mit ihrem Gesicht oder dem Schwanz hängen bleibt. Klicke auf das rote Stoppschild und speichere dein Programm.

Wenn du nicht mehr weiterwissen solltest, öffne die Datei *platformer6.sb3* aus der ZIP-Datei und nimm sie als Ausgangspunkt, um weiterzumachen.

F Die Gehanimation verbessern

Die Katzenfigur, die in jedem neuen Scratch-Projekt vorhanden ist, verfügt über die beiden Kostüme *costume1* und *costume2*.

Um eine einfache Gehanimation zu erzeugen, kannst du zwischen diesen beiden Kostümen hin- und herschalten. Ein Scratcher namens *griffpatch* hat jedoch eine ausführlichere Folge von Kostümen für die gehende Katze erstellt.

Des Weiteren hat er auch Kostüme zum Stehen, Springen und Fallen gezeichnet.

Durch die Verwendung dieser Kostüme kannst du die Bewegungen in dem Spiel viel wirklichkeitsgetreuer darstellen als mit den beiden Kostümen, die zur Grundausstattung der Katze gehören. Dazu müssen wir noch etwas Animationscode hinzufügen, um jeweils zur rechten Zeit zwischen den Kostümen zu wechseln. Auf *https://nostarch.com/scratch3playground/* findest du im Ordner zu diesem Kapitel die im folgenden verwendeten Kostüm-Dateien des Scratch-Users griffpatch.

11. Der Katzenfigur neue Kostüme hinzufügen

Um die neuen Kostüme hinzuzufügen, musst du die Kostümdateien in dein Scratch-Projekt hochladen. In der ZIP-Datei von der Begleitwebsite findest du acht Bilder für die gehende Katze sowie die Bilder für Stehen, Springen und Fallen. Die Dateinamen lauten *Walk1.svg* bis *Walk8.svg*, *Stand.svg*, *Jump.svg* und *Fall.svg*.

Öffne im Scratch-Editor die Registerkarte **Kostüme** der Katzenfigur. Klicke unter *Neues Kostüm* auf **Kostüm aus einer Datei laden** und wähle *Stand.svg* aus. Dadurch wird der Figur das Kostüm *Stand.svg* hinzugefügt. Wiederhole diesen Vorgang für die restlichen Kostüme.

Lösche die ursprünglichen Kostüme *costume1* und *costume2*, aber behalte das Kostüm *hitbox*. Achte darauf, dass die Kostüme genau in der folgenden Reihenfolge stehen:

1. Stand
2. Jump
3. Fall
4. Walk1
5. Walk2
6. Walk3
7. Walk4
8. Walk5
9. Walk6
10. Walk7
11. Walk8
12. hitbox

Die einzelnen Kostüme haben nicht nur einen Namen (wie *Walk1*, *Jump* oder *Fall*), sondern auch eine Nummer, die auf der Reihenfolge auf dieser Registerkarte beruht. So ist das Kostüm *Stand* an der Spitze der Liste Kostüm Nr. 1 und das darunter liegende Kostüm *Jump* die Nr. 2. Der Code, den wir im nächsten Schritt hinzufügen, spricht die einzelnen Kostüme anhand ihrer Namen und Nummern an.

12. Einen Block für den Kostümwechsel erstellen

Für die Animation zeigen wir wie in einem Daumenkino eine Folge von verschiedenen Einzelbildern (nämlich die Kostüme) schnell hintereinander an. Bei all diesen verschiedenen Kostümen wird es schon ein bisschen knifflig zu entscheiden, welches davon wir wann verwenden müssen.

Um den Überblick zu behalten, erstellen wir zwei Variablen mit der Einstellung *Nur für diese Figur*, nämlich *frame* (»Einzelbild«) und *frames per costume* (»Einzelbilder pro Kostüm«). Außerdem fügen wir einem der Skripte **Wenn grüne Fahne angeklickt** für die Katze zwei *setze ... auf*-Blöcke hinzu, um die Anfangswerte dieser Variablen festzulegen.

Wenn der Spieler die Katze nach links oder rechts bewegt, soll der Wert der Variable *frame* erhöht werden. Die Variable *frames per costume* bestimmt, wie schnell die Animation abläuft.

Den Code in **Definiere walk** ändern wir nun so, dass *frame* ständig um einen Betrag erhöht wird, den wir aus *frames per costume* berechnen.

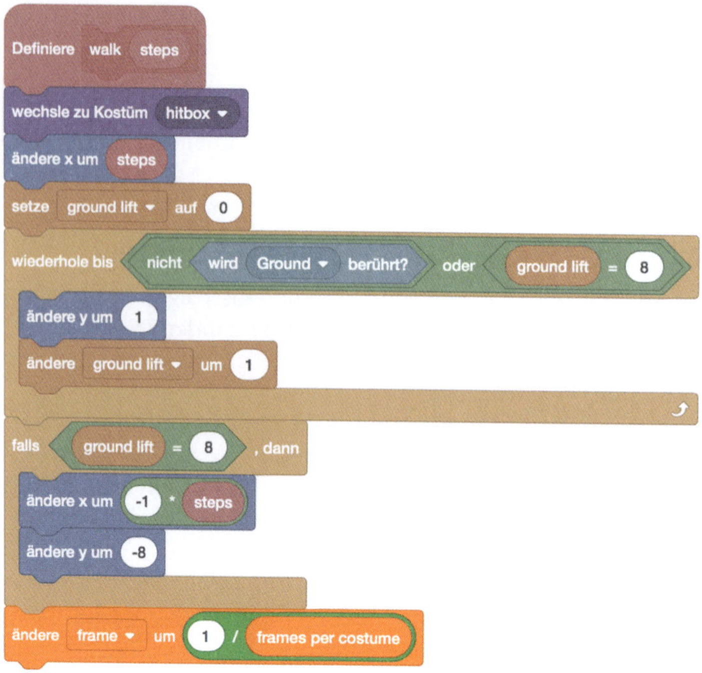

Wenn die Katze stillsteht (sich also nicht nach rechts oder links bewegt), soll die Variable *frame* wieder auf 0 gesetzt werden. Füge dem folgenden Skript **Wenn grüne Fahne angeklickt** der Katze einen dritten **falls … dann**-Block hinzu, in dem die Variable zurückgesetzt wird.

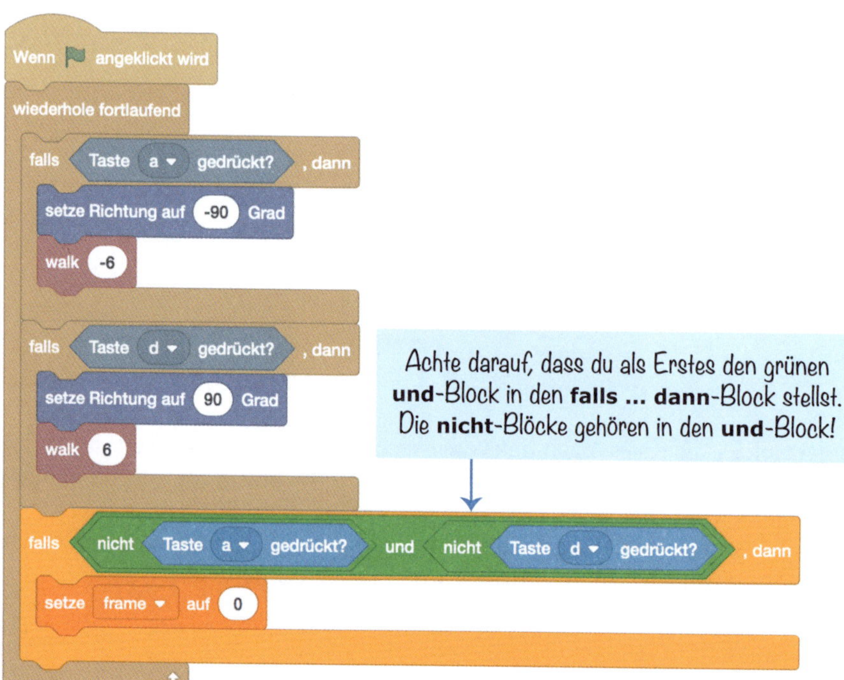

Als Nächstes schreiben wir den Code, um zu bestimmen, welches Kostüm angezeigt werden soll. Da wir ihn an mehreren Stellen in unseren Skripten benötigen, bringen wir ihn in einem eigenen Block unter.

Klicke in der lila Gruppe *Weitere Blöcke* auf **Neuer Block** und gib dem Block den Namen **set correct costume** (»das richtige Kostüm festlegen«). Klicke auf das graue Dreieck **Einstellungen**, setze ein Häkchen bei **Ohne Bildschirmaktualisierung laufen lassen** und bestätige mit **OK**. Füge der Katze unter dem neuen Block **Definite set correct costume** den folgenden Code hinzu:

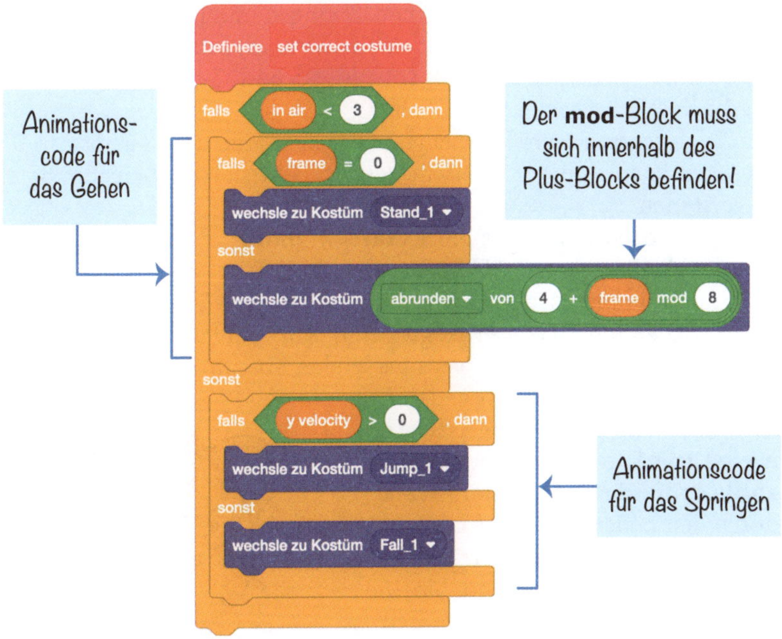

Wenn die Katze auf dem Boden steht (oder wenn sie gerade eben erst begonnen hat, zu springen oder zu fallen, sodass *in air* kleiner als 3 ist), soll das Stand- oder eines der Gehkostüme angezeigt werden. In einem der Skripte **Wenn grüne Fahne angeklickt** wird *frame* auf 0 gesetzt, wenn der Spieler weder [A] noch [D]

drückt. Hat *frame* den Wert 0, so wissen wir, dass die Katze steht, weshalb wir mit dem Block **wechsle zu Kostüm Stand_1** das Kostüm *Stand* anzeigen. Andernfalls müssen wir berechnen, welches der acht Gehkostüme verwendet werden soll. Für diese Berechnung verwenden wir die Kostümnummern, die auf der Reihenfolge der Kostüme auf der Registerkarte *Kostüme* beruhen.

Welches Gehkostüm gezeigt wird, entscheidet der Block **wechsle zu Kostüm abrunden von 4 + frame mod 8**. Oha, da sieht ziemlich kompliziert aus! Um zu erkennen, was hier passiert, gehen wir diese Berechnung Schritt für Schritt durch.

Der Block **mod** führt eine mathematische Operation aus, die *Modulo* genannt wird und den Rest einer Division ausgibt. So hat beispielsweise 7:3 das Ergebnis 2 bei einem Rest von 1. Daher gilt: 7 mod 3 = 1 (der Rest!). Damit berechnen wir, welches Kostüm angezeigt werden muss.

Der Wert der Variable *frame* wird immer größer, aber wir haben nur acht Gehkostüme zur Auswahl. Wenn *frame* einer der Zahlen 0 bis 7 entspricht, wollen wir die Kostüme 4 bis 11 anzeigen. Aus diesem Grund steht in unserem Code **4 + frame**. Wird *frame* größer als 8, wollen wir aber zu 4 zurückkehren, anstatt mit 12 weiterzumachen.

Mit dem *mod*-Block können wir die Kostümnummern »im Kreis« durchgehen. Dazu verwenden wir einen mathematischen Trick: Da 8 mod 8 = 0, können wir mit dem *frame*-Wert 8 wieder das erste Gehkostüm anzeigen. Wir müssen nur noch 4 zu dem Ergebnis addieren, da das erste Gehkostüm schließlich die Nr. 4 ist. (Die Kostüme 1 bis 3 sind die fürs Stehen, Springen und Fallen.) Diese Summe fügen wir dann in einen **abrunden**-Block ein. Es kann sein, dass **frame** einen Wert wie 4,25 oder 4,5 hat, sodass **4 + frame** 8,25 bzw. 8,5 ergibt. Das runden wir ab, um die Kostümnummer 8 zu erhalten.

Das war auch schon die größte Menge an Mathematik, die du in diesem Buch bis jetzt gesehen hast. In ihre Einzelteile zerlegt, lässt sich die Berechnung aber viel besser verstehen.

Der Code im **sonst**-Zweig des Blocks **falls ... dann ... sonst** kümmert sich um das, was geschieht, wenn *in air* größer oder gleich 3 ist. In diesem Fall prüfen wir *y velocity*, um herauszufinden, ob die Katze fällt (*y velocity* ist dann kleiner oder gleich 0) oder springt (*y velocity* ist größer 0). Aufgrund des Ergebnisses dieser Prüfung wechseln wir dann zum jeweils passenden Kostüm. Damit ist der Block **Definiere set correct costume** beendet.

Ersetze nun den Block **wechsle zu Kostüm costume1** in den Blöcken **Definiere handle ground** und **Definiere walk** jeweils durch den neuen Block **set correct costume**. Füge außerdem den Block **ändere frame um 1 / frames per costume** hinzu, damit der Wert von *frame* im Laufe der Zeit immer größer wird.

Definiere handle ground moving up
wechsle zu Kostüm hitbox
wiederhole bis nicht wird Ground berührt?
falls moving up , dann
ändere y um -1
sonst
ändere y um 1
setze in air auf 0
setze y velocity auf 0
set correct costume

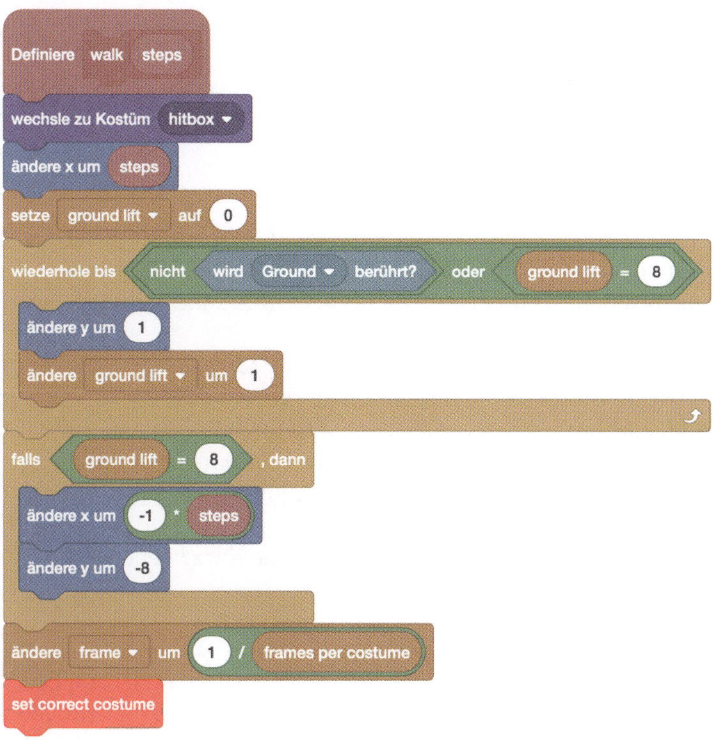
Definiere walk steps
wechsle zu Kostüm hitbox
ändere x um steps
setze ground lift auf 0
wiederhole bis nicht wird Ground berührt? oder ground lift = 8
ändere y um 1
ändere ground lift um 1
falls ground lift = 8 , dann
ändere x um -1 * steps
ändere y um -8
ändere frame um 1 / frames per costume
set correct costume

Zeit zu speichern!

Klicke auf die grüne Fahne, um den bisherigen Code zu testen. Bewege die Katze auf der Bühne und vergewissere dich, dass die Gehanimation richtig angezeigt wird. Überzeuge dich auch, dass die Kostüme für das Stehen, Springen und Fallen jeweils zur richtigen Zeit angezeigt werden. Klicke auf das rote Stoppschild und speichere dein Programm.

Wenn du nicht mehr weiterwissen solltest, öffne die Datei *platformer7.sb2* aus der ZIP-Datei und nimm sie als Ausgangspunkt, um weiterzumachen.

G Das Level gestalten

Durch die neue Animation wirkt unser Spiel gleich viel ansprechender. Jetzt wollen wir auch den schlichten weißen Hintergrund gegen ein richtiges Spiellevel austauschen. Das Tolle an dem Code, mit dem wir die Katze gehen, springen und fallen lassen, ist ja, dass er bei Geländefiguren jeglicher Form und Farbe funktioniert. Wenn wir also das Kostüm der Figur *Ground* ändern (z. B. für verschiedene Levels), müssen wir die Figur *Cat* nicht umprogrammieren!

13. Das Bühnenbild hinzufügen

Öffne die Registerkarte **Kostüme** der Figur *Ground*, klicke auf **Kostüm aus einer Datei laden** und wähle *PlatformerBackdrop.png* aus der ZIP-Datei von der Begleitwebsite aus. Nach dem Hochladen dieses Kostüms kannst du das bisherige Kostüm löschen.

Es reicht jedoch nicht, die Datei *PlatformerBackdrop.png* als Kostüm für *Ground* hinzuzufügen; du musst sie auch als Bühnenbild hochladen. Über die Schaltfläche **Bühnenbild wählen** im Bereich rechts unten erreichst du den Button **Bühnenbild hochladen**. Wähle dort erneut *PlatformerBackdrop.png* aus. Es ist nötig, die Datei sowohl als Bühnenbild als auch als Figur zu laden, da wir im nächsten Schritt alles aus der Figur *Ground* löschen, was zum Hintergrund gehört. Die Figur *Ground* darf nur die Teile enthalten, auf denen die Katze gehen kann. Als Hintergrund ist dagegen das Bühnenbild zu sehen.

14. Das Hitbox-Kostüm für die Figur »Ground« gestalten

Der Dreh- und Angelpunkt des Codes für unser Spiel sind Berührungen zwischen der Figur *Cat* und der Figur *Ground*. Das Kostüm der Figur *Ground* dient dabei als Hitbox. Wenn dieses Kostüm ein Rechteck ist, das die gesamte Bühne einnimmt, dann wird auch die ganze Bühne als fester Boden angesehen. Daher müssen wir aus dem Kostüm alle Teile entfernen, die nur Hintergrund sind und keine Plattformen darstellen.

Am einfachsten geht das mit dem Auswahlwerkzeug im Zeichenbereich. Ziehe ein Auswahlrechteck über einem Teil des Kostüms auf, den du löschen möchtest, und drücke dann [Entf].

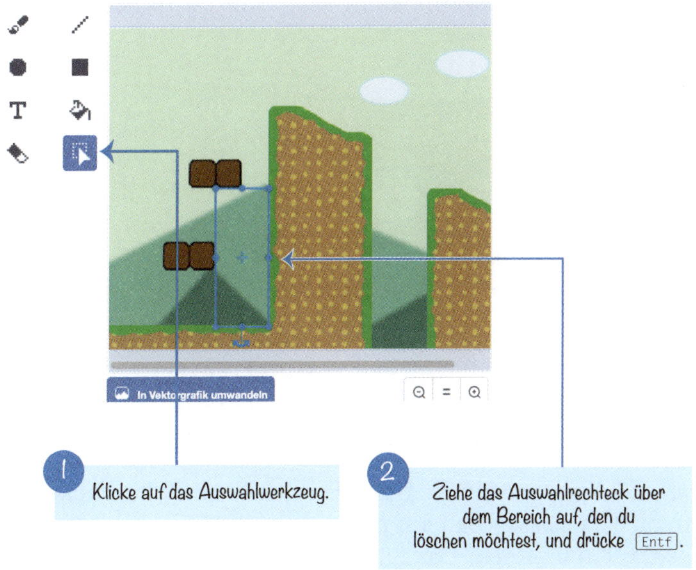

Um Bereiche zu entfernen, die nicht rechteckig sind, verwendest du das Radiergummi-Werkzeug. Wenn du versehentlich etwas entfernt hast, was stehen bleiben sollte, klicke einfach oben im Zeichenbereich auf die Schaltfläche *Rückgängig*, um den Löschvorgang wieder rückgängig zu machen.

Entferne alles, was zum Hintergrund gehört, bis nur noch die Plattformen übrig bleiben.

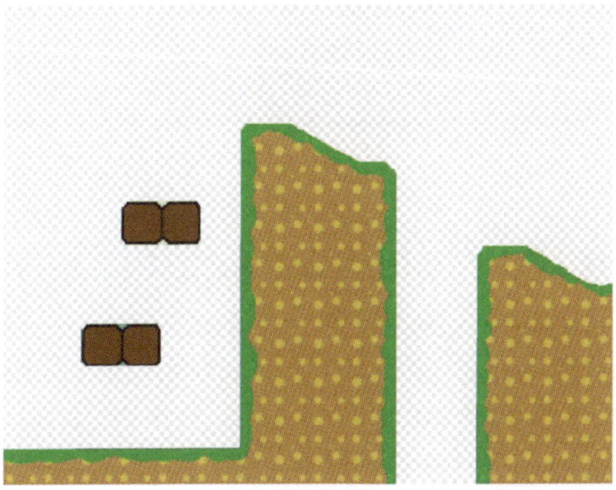

Wenn du Schwierigkeiten haben solltest, das Kostüm zu gestalten, kannst du auch das fertige Bild *PlatformerBackdropHitbox.png* aus der ZIP-Datei verwenden. Hier sind die Hintergrundteile des Bildes bereits gelöscht, sodass du es nur noch mit auf der Registerkarte *Kostüme* mittels des Buttons **Kostüme hochladen**, der erscheint, wenn du auf die Schaltfläche **Wähle ein Kostüm** gehst, hinzufügen musst.

15. Den Code für die Figur »Ground« hinzufügen

Das Bühnenbild dient dazu, die Plattformen und den Hintergrund anzuzeigen. Die Figur *Ground* brauchen wir jedoch, um zu erkennen, welche Teile fester Boden sind, auf dem sich die Katze bewegen kann. Füge zum Skriptbereich der Figur *Ground* folgenden Code hinzu:

Das Kostüm von *Ground* muss haargenau über den Bühnenhintergrund passen. Da wir für beide dasselbe Bild verwenden, können wir sie einfach dadurch deckungsgleich übereinander legen, dass wir die Figur *Ground* zu den Koordinaten (0, 0) verschieben.

Das *Aussehen* des Kostüms für das Gelände spielt keine Rolle; wichtig ist nur die *Form*. Wenn die Figur passgenau auf dem Bühnenbild liegt, können wir ihre Durchsichtigkeit auf 100 setzen. Das Bühnenbild zeigt jetzt an, wie das Level aussieht, während die Figur *Ground* als Hitbox fungiert.

Zeit zu speichern!

Klicke auf die grüne Fahne, um den bisherigen Code zu testen. Vergewissere dich, dass du die Katze auf der ganzen Bühne bewegen kannst. Klicke auf das rote Stoppschild und speichere dein Programm.

16. Weiteren Umlaufcode zur Katzenfigur hinzufügen

Das Gelände weist zwei schwebende Plattformen sowie einen Hügel mit einem tiefen Schacht in der Mitte auf. Wenn die Katze in den Schacht fällt, kommt sie am oberen Bühnenrand wieder zum Vorschein. Wir wollen nun auch Umlaufcode für das Erreichen des rechten und linken Bühnenrands hinzufügen. Ergänze die Figur *Cat* dazu um das folgende Skript:

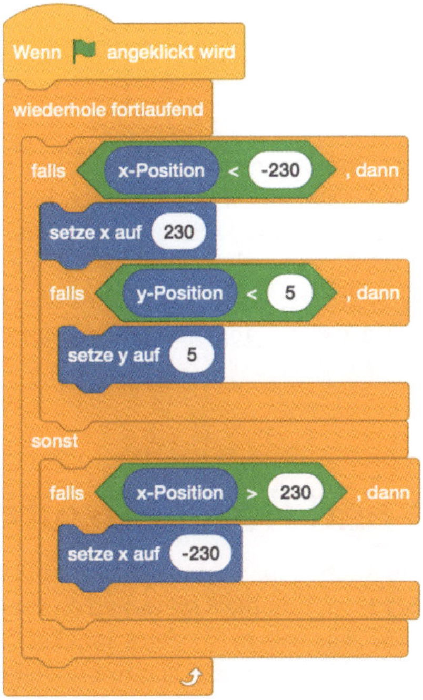

Wenn die Katze den linken Bühnenrand erreicht, ist ihre **x-Position** kleiner als −230. In diesem Fall lassen wir sie wieder am rechten Rand erscheinen, indem wir die **x-Position** auf 230 setzen.

Beträgt die **y-Position** der Katze weniger als 5, wenn sie am linken Rand verschwindet, dann würde sie am rechten Rand jedoch im massiven Teil des Bühnenbildes landen. Daher überprüfen wir in einem weiteren **falls ... dann**-Block diese Bedingung und setzen die **y-Position** ggf. auf 5.

Der andere **falls ... dann**-Block sorgt dafür, dass die Katze am linken Bühnenrand erscheint, wenn sie am rechten Rand ankommt (wenn ihre **x-Position** also größer als 230 ist).

Zeit zu speichern!

Klicke auf die grüne Fahne, um den bisherigen Code zu testen. Vergewissere dich, dass die Katze die Bühne rechts und links verlassen kann und dabei am gegenüberliegenden Rand wieder erscheint. Klicke auf das rote Stoppschild und speichere dein Programm.

Wenn du nicht mehr weiterwissen solltest, öffne die Datei *platformer8.sb3* aus der ZIP-Datei und nimm sie als Ausgangspunkt, um weiterzumachen.

H Krabben und Äpfel hinzufügen

Ein Spieler kann jetzt die Katze gehen, springen, fallen und auf Plattformen stehen lassen, was in Form von wirklichkeitsgetreuen Animationen angezeigt wird. Auch der Hintergrund sieht wie in einem professionellen Videospiel aus.

Jetzt müssen wir aus all diesen Einzelteilen nur noch ein Spiel gestalten. Dazu fügen wir einen Apfel hinzu, der an zufälligen Orten auf der Bühne erscheint (ähnlich wie in dem Schlangenspiel aus Kapitel 6), sowie einige Gegner, die die versuchen, die Katze zu berühren und die Äpfel zu stehlen.

17. Die Apfelfigur und den Code dafür hinzufügen

Klicke auf **Figur wählen** und wähle die Figur *Apple*.

Wie in den vorherigen Spielen verwenden wir auch hier eine Variable, um den Punktestand zu nachzuverfolgen. Klicke in der orangefarbenen Gruppe *Variablen* auf **Neue Variable**, um die Variable *Apples Collected* (»gesammelte Äpfel«) für alle Figuren anzulegen.

Füge im Skriptbereich der Apfelfigur den folgenden Code hinzu:

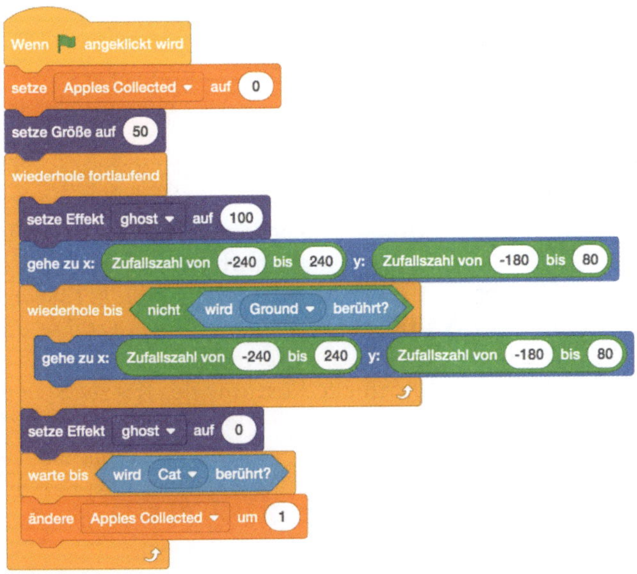

Wenn der Spieler zu Anfang auf die grüne Fahne klickt, wird der Punktestand in *Apples Collected* auf 0 gesetzt. Da die Apfelfigur zu groß für das Spiel ist, setzen wir ihre Größe auf 50%.

Während des Spiels muss der Apfel an zufälligen Orten der Bühne erscheinen. Dazu machen wir ihn erst mit **setze Durchsichtigkeit-Effekt auf 100** unsichtbar und verschieben ihn an eine zufällige Stelle.

Ganz zufällig dürfen wir diesen Ort aber nicht wählen: Wir müssen sicherstellen, dass der Apfel nicht im Boden steckt, denn dann könnte der Spieler ihn nicht einsammeln. Um zu verhindern, dass der Apfel im Boden erscheint, wird in der Schleife so lange eine neue zufällige Stelle bestimmt, bis die Figur nicht mehr die Figur *Ground* berührt. Da die Durchsichtigkeit nach wie vor auf 100% eingestellt ist, sieht der Spieler die Verschiebung des Apfels nicht. Wenn der Apfel eine Stelle erreicht, die nicht das Gelände berührt, wird er mit **setze Durchsichtigkeit-Effekt auf 0** wieder sichtbar gemacht.

Dann wartet die Figur, bis sie von der Katze berührt wird. Wenn das geschieht, wird der Punktestand in *Apples Collected* um 1 erhöht. Danach beginnt wieder die Schleife, die eine neue zufällige Platzierung für den Apfel wählt.

Zeit zu speichern!

Klicke auf die grüne Fahne, um den bisherigen Code zu testen. Vergewissere dich, dass die Äpfel niemals im Boden erscheinen. Wenn die Katze einen Apfel berührt, muss der Punktestand in *Apples Collected* um 1 erhöht und der Apfel an eine andere, zufällige Stelle versetzt werden. Klicke auf das rote Stoppschild und speichere dein Programm.

18. Die Krabbenfigur erstellen

Wenn der Spieler lediglich die Katze herumhüpfen und Äpfel einsammeln lassen müsste, wäre das Spiel nicht sehr spannend. Daher fügen wir als Nächstes einige Gegner hinzu, denen es auszuweichen gilt.

Klicke mit der rechten Maustaste auf die Figur *Cat* und wähle **Duplizieren**. Die Gegner bekommen dadurch den gleichen Code wie die Katze, sodass sie ebenfalls springen und von den Plattformen fallen können. (Wir werden in Kürze aber den Code für die Steuerung über die Tastatur entfernen und durch Code ersetzen, der die Krabben zufällig bewegt.) Nenne die neue Figur *Crab*. Klicke dann auf der Registerkarte *Kostüme* auf **Wähle ein Kostüm**, markiere *crab-a* und klicke auf **OK**. Öffne die Kostümbibliothek erneut und wähle diesmal *crab-b*.

Die Figur *Crab* hat immer noch alle Kostüme der Katze (*Stand*, *Fall*, *Walk1* usw.). Lösche sie alle, auch das Kostüm *hitbox*. Erstelle ein neues Hitbox-Kostüm in der richtigen Größe für die Krabbe. In der folgenden Abbildung siehst du, wie groß es ungefähr sein muss. (In der Abbildung überlagert das Bild der Krabbe die Hitbox, damit du einen Größenvergleich hast, aber das Kostüm selbst besteht nur aus dem schwarzen Viereck.)

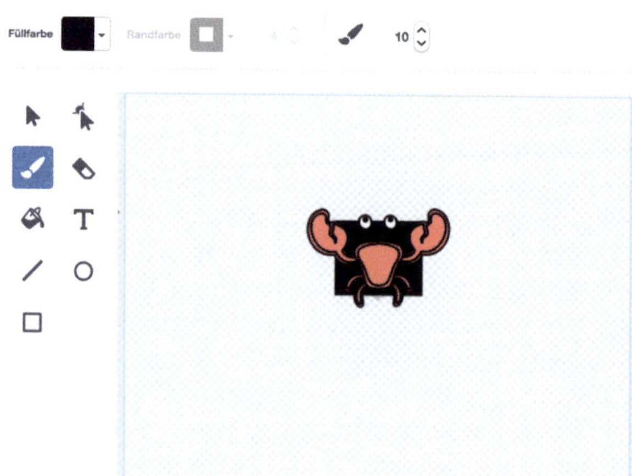

19. Die künstliche Intelligenz für die Gegner gestalten

In Spielen versteht man unter *künstlicher Intelligenz* (*KI*, auch *Artificial Intelligence* oder *AI* genannt) den Code, der die Bewegungen der Gegner und ihre Reaktionen auf den Spieler steuert. In unserem Spiel sind die Krabben jedoch ziemlich *un*intelligent: Sie bewegen sich einfach nur zufällig durch die Gegend.

Klicke in der orangefarbenen Gruppe *Variablen* auf *Neue Variable* und erstelle die Variable *movement* (»Bewegung«) nur für diese Figur. In dieser Variable speichern wir Zahlen, die für die Bewegungen der Krabbenfigur stehen:

1. Nach links gehen (*left*)
2. Nach rechts gehen (*right*)
3. Gerade nach oben springen (*jump*)
4. Nach links springen (*left-jump*)
5. Nach rechts springen (*right-jump*)
6. Stillstehen (*still*)

Welche Bewegungen die Krabbe ausführt, wird zufällig entschieden, und die Bewegungen ändern sich häufig. Füge der Figur *Crab* den folgenden Code hinzu:

Als Erstes wird hier die Variable *movement* auf eine Zufallszahl zwischen 1 und 6 gesetzt, die bestimmt, welche Bewegung die Krabbe ausführen soll.

Der Rest des Krabbencodes dient dazu, diese Bewegungen zu definieren. Ersetze in allen von der Katzenfigur übernommenen Skripten die Blöcke der Art **wenn Taste ... gedrückt** durch Blöcke, die die Variable *movement* abfragen. (Wenn du das Programm ohne diese Änderung ausführtest, würdest du mit den Tasten sowohl die Katze als auch die Krabbe steuern, da beide noch den gleichen Code haben!)

Ändere das Krabben-Skript, das nach Betätigungen der Tasten [A] und [D] Ausschau hält, wie folgt:

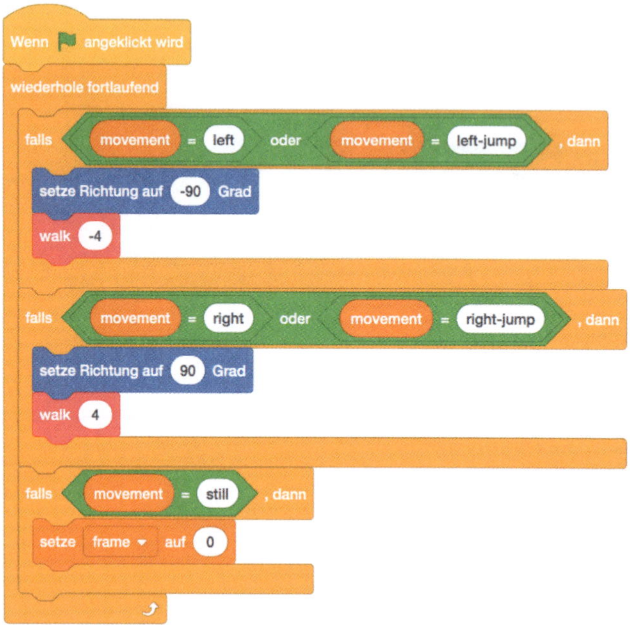

Dieser Code lässt die Krabbenfigur ebenso nach links und rechts gehen wie die Katze. Ändere den Werk in den **walk**-Blöcken auf −4 bzw. 4, damit sich die Krabbe langsamer bewegt als die Katze.

Als Nächstes musst du das Skript ändern, das die Figur springen lässt, wenn der Spieler die Taste [W] drückt:

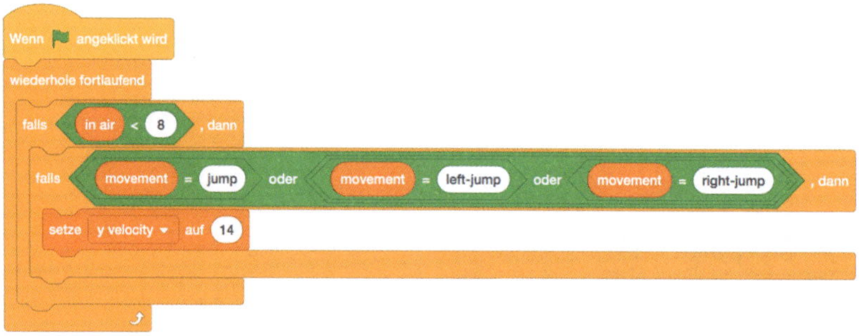

Durch diesen Code kann die Krabbe nach oben, links und rechts springen.

Als Nächstes animieren wir die Bewegungen der Krabbe. Die Figur *Crab* hat zwei Kostüme, nämlich *crab-a* und *crab-b*. Wenn wir zwischen ihnen wechseln, sieht es so aus, als würde die Krabbe gehen. Da wir nur zwei Kostüme haben, können wir den Block **Definiere set correct costume** für die Krabbe vereinfachen.

Ändere den Code dieses Blocks wie folgt:

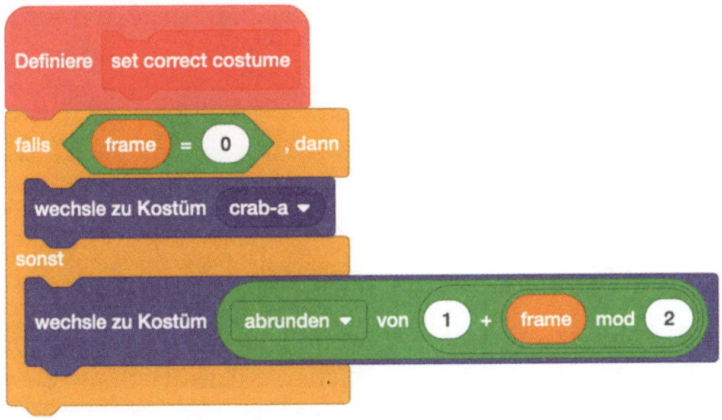

Beachte, dass du auch die Zahlen im Block **abrunden von 1 + frame mod 2** ändern musst. Da das erste Kostüm die Nr. 1 ist und die Krabbe nur über zwei Kostüme verfügt, müssen die Zahlen jetzt 1 und 2 lauten.

Schließlich müssen wir auch noch ein neues Skript hinzufügen, damit die Krabbe dem Spieler bereits eingesammelte Äpfel stehlen kann. Füge der Figur *Crab* dazu den folgenden Code hinzu:

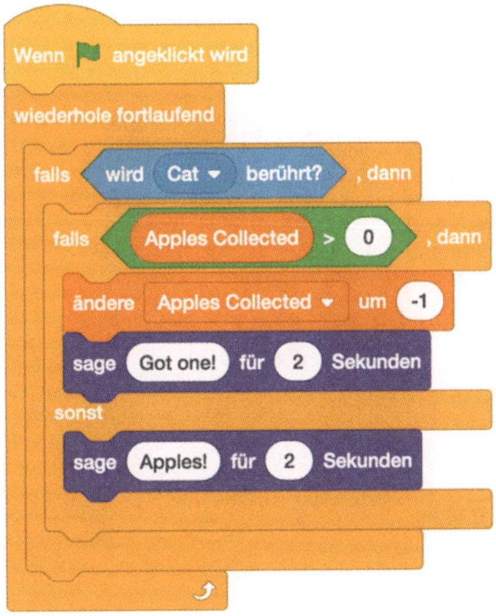

Wenn die Krabbe den Spieler berührt, zieht sie 1 von *Apples Collected* ab und ruft: »Got one!«, also: »Ich hab' einen!« Hat der Spieler keine Äpfel, ruft die Krabbe nur: »Apples!«, ändert *Apples Collected* aber nicht.

Mit zwei Krabben wird das Spiel noch spannender. Klicke mit der rechten Maustaste in der Figurenliste auf *Crab* und wähle **Duplizieren**.

Zeit zu speichern!

Klicke auf die grüne Fahne, um den bisherigen Code zu testen. Vergewissere dich, dass die beiden Krabben umherspringen. Wenn sie die Katze berühren, sollen sie »Got one!« rufen und einen Apfel stehlen; hat die Katze keine Äpfel, sollen sie lediglich »Apples!« rufen. Klicke auf das rote Stoppschild und speichere dein Programm.

20. Die Figur »Time's up« hinzufügen

Wir sind schon fast fertig. Als letztes Element wollen wir dem Spiel noch einen Timer hinzufügen. Damit der Spieler es nicht zu gemütlich angehen lässt, setzen wir ihn unter Zeitdruck, damit er die Äpfel so schnell wie möglich einsammelt. Gehe über die Schaltfläche **Figur wählen,** klicke auf **Malen** und erstelle im Zeichenbereich den Text *Time's up* (»Zeit abgelaufen«). Meine Version sieht wie folgt aus:

Nenne die Figur *Time's up*, erstelle die Variable *Timer* für alle Figuren und füge den folgenden Code hinzu:

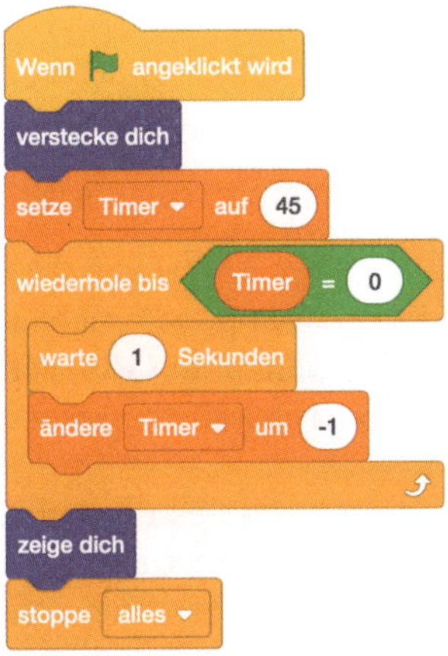

Dieser Code gibt dem Spieler 45 Sekunden Zeit, um so viele Äpfel wie möglich einzusammeln und dabei den Krabben auszuweichen, die sie zu stehlen versuchen. Wenn die Variable *Timer* auf 0 gefallen ist, erscheint die Figur *Time's up* und das Spiel endet.

Jetzt ist dein Spiel bereit für den letzten Test.

Zeit zu speichern!

Klicke auf die grüne Fahne, um den bisherigen Code zu testen. Lasse die Katze herumlaufen und springen, sammle Äpfel ein und versuche, den Krabben auszuweichen. Vergewissere dich, dass das Spiel endet, wenn der Timer den Wert 0 erreicht. Klicke auf das rote Stoppschild und speichere dein Programm.

Der Code für dieses Programm ist zu umfangreich, um ihn hier komplett abzudrucken. Du kannst ihn dir aber in der Programmdatei aus der ZIP-Datei ansehen. Der Dateiname lautet *PlatformerAdvanced.sb3*.

Zusammenfassung

Du hast es geschafft! Du bist ein Scratch-Meister! Dieses Jump-&-Run-Spiel war das aufwendigste und komplizierteste Projekt in dem ganzen Buch. Darin hast du viele verschiedene Funktionsprinzipien genutzt, um ein neues Spiel zu erstellen.

In dem Projekt in diesem Kapitel hast du Folgendes getan:

- Du hast eine Geländefigur verwendet, auf der die Spielfigur steht.
- Du hast eigene Blöcke mit der Einstellung *Ohne Bildschirmaktualisierung laufen lassen* verwendet.
- Du hast die Spielfigur Böschungen herauf- und heruntergehen lassen.

- Du hast eine Deckenerkennung eingeführt, sodass sich die Spielfigur den Kopf an niedrig hängenden Plattformen stoßen kann.
- Du hast die Geh-, Spring- und Fallbewegungen ausführlich animiert.
- Du hast die Gegner mit künstlicher Intelligenz versehen, sodass sie sich selbstständig bewegen können.

Damit bist du am Ende dieses Buches angekommen, aber noch nicht am Ende deines Weges in der Programmierung. Schau dir die Programme anderer Scratcher an, um dir Anregungen zu holen. Du kannst auch versuchen, ein Spiel, das dir gefällt, selbst nachzubauen.

Das Großartige an Scratch ist, dass es dir unbegrenzte Möglichkeiten für beliebige Arten von Spielen gibt. Du kannst eigene Versionen beliebter Klassiker wie *Pac-Man* oder *Flappy Bird* erstellen, aber auch dein ganz eigenes Spiel entwerfen. Viel Glück!

Wiederholungsfragen

Versuche die folgenden Fragen zu beantworten, um zu prüfen, was du gelernt hast. Wahrscheinlich hast du nicht alle Antworten im Kopf, aber du kannst dir jederzeit den Scratch-Editor ansehen, um die Lösung herauszufinden. (Die Antworten stehen online auf *www.dpunkt.de/scratch3*.)

1. Die lilafarbenen eigenen Blöcke helfen dir, Wiederholungen deines Codes zu vermeiden. Warum ist das eine gute Sache?
2. In welcher Hinsicht ist die Eingabe eines lilafarbenen eigenen Blocks mit einer Variable vergleichbar?
3. Wo kannst du die Eingabe eines eigenen Blocks verwenden?
4. Was bedeutet *Modulo*?

Wie geht es jetzt weiter?

Willst du noch mehr? Es gibt noch viele spannende Quellen zu Scratch zu erforschen!

- **Scratch Programming Playground Studio** (*http://www.inventwithscratch.com/studio/*): Dies ist der ideale Ort, um deine eigenen Varianten der Spiele aus diesem Buch vorzustellen und dir die Projekte anderer Leser anzusehen.
- **Scratch-Forum** (*http://scratch.mit.edu/discuss/*): Hier kannst du mit anderen Scratchern Ideen austauschen, Fragen stellen und die Fragen anderer beantworten. Um das deutschsprachige Forum zu erreichen, musst du auf der Webseite bis zu *Scratch in Other Languages* (»Scratch in anderen Sprachen«) herunterscrollen und auf *Deutsch* klicken.
- **25 Scratch 3 Games for Kids by Max Wainewright** (No Starch Press, 2019; *https://www.nostarch.com/25scratchgames/*) stellt noch weitere Projekte vor, um wichtige Prinzipien der Programmierung in Scratch zu lernen. (Es ist leider nur in Englisch erschienen.)
- **ScratchEd** (*http://scratched.gse.harvard.edu/*) ist eine Online-Coummunity für Lehrer und andere Erzieher, die mit Scratch arbeiten. Hier kannst du deine Erfolgsgeschichten mitteilen, dich über Scratch austauschen, Fragen stellen usw. (Leider nur in Englisch.)

Mit Scratch kannst du viele lustige Spiele und Animationen erstellen, aber es hat seine Einschränkungen. Deine Scratch-Programme werden nicht so aussehen wie »echte« Spiele auf einem PC, einer Spielkonsole oder einem Smartphone.

Daher ist es nur natürlich, dass du irgendwann lernen möchtest, Code in einer professionellen Programmiersprache zu schreiben. Dir stehen viele Sprachen zur Auswahl, aber ich möchte dir Python oder JavaScript empfehlen. Python lässt sich (abgesehen von Scratch) am leichtesten erlernen, wird aber tatsächlich in der professionellen Softwareentwicklung eingesetzt. JavaScript ist nicht ganz so einfach, aber es ist die Sprache, die Web-Apps in einem Browser verwenden.

Wenn du Python lernen möchtest, empfehle ich dir mein – leider nur in englischer Sprache vorliegendes – Buch *Invent Your Own Computer Games with Python*. Du kannst es kostenlos auf *https://inventwithpython.com/* lesen, aber natürlich auch die gedruckte Ausgabe kaufen. In deutscher Übersetzung erschienen sind Jason Briggs' Python kinderleicht! und Craig Richardsons Python programmieren lernen mit Minecraft. Um JavaScript zu lernen, empfehle ich Nick Morgans *JavaScript kinderleicht! Einfach Programmieren lernen mit der Sprache des Web*. Dies sind hervorragende Bücher für deine nächsten Schritte auf dem Weg zum Meisterprogrammierer!

Index